AF305961

Abbé Louis SALUDEN

LAURÉAT DE L'ACADÉMIE FRANÇAISE

UN CENTENAIRE A BREST

1er Octobre 1826 — 1er Octobre 1926

L'ŒUVRE

de la

Vénérable Anne-Marie Javouhey

Fondatrice de la Congrégation de Saint Joseph de Cluny

BREST

Imprimerie, 4, rue du Château

1926

A la Très Révérende Mère Générale

Marie Sainte Othilde,

Supérieure de la Congrégation

des Sœurs de Saint-Joseph de Cluny,

L'auteur, Breton comme elle,

dédie respectueusement

cette modeste contribution a l'histoire

de l'œuvre

de la Vénérable Mère Anne-Marie

Javouhey.

La Vénérable Anne-Marie Javouhey

CHAPITRE I

———

La Vénérable Mère Anne-Marie Javouhey

———

La Vénérable Mère Anne-Marie Javouhey naquit au petit village de Jallanges, près de Seurre, en Bourgogne, le 10 novembre 1779, et mourut à Paris, le 15 juillet 1851. Elle fonda, en 1806, à Chalon-sur-Saône, la Congrégation des Sœurs de Saint-Joseph de Cluny; et son œuvre a été bénie de Dieu: sa famille religieuse compte aujourd'hui plus de trois mille Sœurs, répandues en diverses maisons, et jusque dans les régions du globe les plus éloignées. Ce qui la distingue, c'est qu'elle est un *ordre* de Sœurs missionnaires, le premier *ordre* de ce genre qu'on eût vu dans l'Eglise. Cependant, en France, avec d'autres Congrégations, elle travaille à l'éducation chrétienne des enfants et soigne les malades dans les hôpitaux.

Notre dessein n'est pas d'écrire une biographie de la Vénérable Mère Javouhey, mais d'apporter notre modeste contribution à son histoire, en étudiant ses rapports avec la ville de Brest, et en particulier, en montrant comment elle fut amenée à établir à Recouvrance une Communauté importante, qui depuis cent ans, et en étroite union avec le clergé de la paroisse, n'a cessé de rendre les plus grands services à la population, et qui mérite d'être mieux connue.

Présentons cependant la Fondatrice. Quels furent les traits saillants de sa physionomie morale?

« Madame Javouhey, disait le roi Louis-Philippe, mais c'est un grand homme! » Cette parole royale caractérise la personnalité d'Anne-Marie Javouhey. Aux qualités propres à son sexe elle joignait quelque chose de viril. A quatorze ans, lors d'un incendie, quand tout le monde contemple le fléau et que personne n'ose entrer dans la maison en feu, la petite Anne-Marie Javouhey pénètre hardiment dans les flammes pour sauver les objets de valeur des sinistrés.

Sous le Directoire, quand la cloche du village ne doit sonner que la poste ou les réunions de la Municipalité, quand l'église est fermée au culte, à 17 ans elle parcourt les routes du village en battant le tambour pour avertir les enfants de l'heure du catéchisme.

C'est en 1816, qu'elle envoie ses premières Sœurs dans les Missions. Pour prêcher d'exemple et se rendre compte aussi de la situation des Missions, elle conçoit le projet le plus extraordinaire qu'une Fondatrice ait jamais eu, dans la période initiale et encore pleine d'imprévus de son œuvre: elle traverse trois fois les mers, non pour un voyage d'inspection, mais pour demeurer sept ans hors de France; et pendant cette longue absence, du Sénégal ou de Cayenne, elle dirige sa Congrégation.

Le gouvernement français apprécie tellement cette femme qu'il lui confie ses propres pouvoirs dans les colonies, et elle administre sa principauté de La Mana comme jamais prince n'a gouverné ses sujets. Un journal de l'époque, le *Français* de Carmer, consacre à son œuvre de colonisation en Guyane un article très élogieux intitulé « *L'habitant de la Guyane Française* » et signé par G. de la Landelle. L'extrait suivant ne manque pas de saveur:

« L'on a tenté dans nos possessions de l'Amérique du Sud divers modes de colonisation; l'on y a conduit des agriculteurs chinois et malais, des *settlers* des

Etats-Unis, des cultivateurs français, et l'on a eu rarement l'habileté nécessaire pour mener ces entreprises à bonne fin. Nous ne parlerons pas de l'occupation momentanée de l'île de Choisy, où l'on essaya, de 1837 à 1840, de grouper une peuplade de Tapuys ou Indiens de l'Amazone autour de notre pavillon: l'on fit faute sur faute et récemment on s'est cru forcé d'abandonner gain de cause aux Brésiliens, nos adversaires, en évacuant un établissement à peine formé. Mais nous ne pouvons omettre la petite colonie de la Mana qui, après avoir passé par des phases successives et toujours malheureuses, est maintenant uniquement composée de noirs sous la direction absolue de Madame Javouhey, fondatrice et supérieure générale des Sœurs de saint Joseph de Cluny. Cette femme énergique a eu la persévérance et l'adresse nécessaires pour atteindre son but. Forcée de renoncer à créer une colonie avec des enfants trouvés, elle a obtenu que le gouvernement lui céderait les noirs de traite, libérés en vertu de la loi du 4 Mars 1831. Aujourd'hui cinq cent cinquante nègres se trouvent réunis sous ses ordres; elle commande en reine dans sa principauté, elle a su préparer ses sujets à une liberté inconnue par des mesures un peu exclusives peut-être, mais que nous trouvons d'une grande prudence. Les colons et même quelques gouverneurs de la Guyane se sont montrés hostiles au petit village africain, qui a ses canons braqués sur le bord du fleuve dont il porte le nom, et qui est, du reste, en quelque sorte indépendant, sous la dictature d'une religieuse. Mais la sœur était fortement protégée, elle a eu le temps d'organiser régulièrement et presque militairement sa tribu qui prospère, dit-on, au-delà de ce qu'on devait raisonnablement espérer... »

Un jour ces hommes qui ont été sept ans sous la maternelle dictature d'une religieuse, sont affranchis et appelés à voter pour l'élection d'un député. Chose admirable! tous unanimement ils votent pour la Vénérable Mère. Mais la femme blanche n'est pas encore au même degré d'émancipation que ces noirs; elle est inéligible, explique-t-on à ces nouveaux citoyens. « Oh! alors, dit l'un d'eux parlant au nom des autres, si nous ne pouvons pas nommer ma chère Mère, qu'on nomme qui l'on voudra, cela nous est égal. »

Et ce n'est pas aux noirs seuls que la Vénérable Mère en impose. On connaît la sanglante journée du 24 juin 1848: à Paris, le général Damesme tombait sous les balles des insurgés; le lendemain Mgr Affre devait tomber à son tour; partout, dans toutes les rues, se dressent des barricades. La Vénérable Mère, au premier bruit des troubles, accourt à Paris. En vain a-t-on essayé de l'empêcher d'avancer, elle va, sa robe bleue la signale de loin aux insurgés: ce fut sa sauvegarde. Elle est acclamée par les ouvriers qui, d'une barricade à l'autre, crient le même mot de passe: « C'est la mère Javouhey, c'est la générale Javouhey! » et ses Sœurs n'en croient pas leurs yeux quand, tremblantes au bruit de la fusillade, elles voient arriver saine et sauve dans leur Communauté de la rue de Valois leur chère Mère fondatrice.

La *Revue française de l'Etranger et des Colonies* écrivait en 1851: « La Mère Javouhey restera incontestablement la plus remarquable figure de la colonisation française du xıxᵉ siècle. La France accomplirait donc un acte de justice en élevant sur la rade de Brest qui vit la Fondatrice de Saint Joseph s'embarquer pour ses lointaines campagnes, une statue à la grande Religieuse dont la vie et l'œuvre furent consacrées aux colonies françaises. » Cette statue a été dressée, non pas à Brest, mais à la Mana même. Son buste, fait par Oliva en 1851, fut reproduit en bronze: il a 0 m. 90 de haut et est porté par un socle en granit rose des Vosges avec cette inscription:

« Anne-Marie Javouhey

1779-1851

Elle fut de Mana la fondatrice et la mère

1828-1843. »

C'est au bruit du canon, au son des cloches que cette statue a été inaugurée le 9 février 1911: Madame Javouhey était la *dux femina facti* de Virgile.

L'œuvre de la Vénérable Mère Javouhey est donc celle d'un grand homme; sa personnalité est plus admirable encore que son œuvre.

C'est d'abord une nature riche, car ce que les hommes lui avaient appris se réduisait à peu de chose ; on peut dire qu'elle brilla de son éclat propre. Sa première jeunesse s'étant écoulée pendant la tourmente révolutionnaire, elle n'avait eu d'autre précepteur que le maître d'école de son village. Mais elle y suppléa d'une façon étonnante. Les longues heures qu'elle passait dans les voitures publiques, dont l'allure peu rapide permettait la lecture, elle les consacrait à l'étude. Nous avons la correspondance échangée entre le poète brestois Hippolyte Violeau et deux de ses amis travaillant à la Mana près de la Fondatrice; ce sont les petits cousins de la Révérende Mère, Pierre et Auguste Javouhey.

Pierre écrit à son ami en septembre 1838 : « Ces « jours derniers, en causant à table avec ma parente « (Madame Javouhey), la conversation tomba sur les « célébrités littéraires. M. de Lamartine comme poète « occupait le premier rang et elle connaît beaucoup « l'auteur des *Méditations poétiques;* elle l'a beaucoup « étudié... venait ensuite M. de Chateaubriand, qu'elle « connaît moins... et voici qu'un instant après elle tire « de sa poche une lettre qu'elle me dit de lire, elle était

« de M. F. de Lamennais, elle avait une page. Elle conte-
« nait d'abord le regret et le déplaisir de n'avoir pas
« eu l'honneur de la recevoir chez lui à La Chesnaie,
« qui est la retraite de cet homme célèbre, et cela lors
« du voyage de ma tante de Paris à Brest... Tous ces
« littérateurs lui font hommage de leurs œuvres et
« s'honorent de correspondre avec elle. »

Le poète brestois expédie un jour à son ami Auguste Javouhey, à la Mana, son recueil de vers *Premiers
loisirs*, celui-ci répond le 8 juin 1841: « ... Je donne
votre livre à ma tante, elle le lit, le relit, elle le dévore,
elle pleure; oui, elle pleurait d'attendrissement et de
bonheur, elle avait rajeuni de quarante ans; avec son
expérience de sexagénaire, sa parfaite connaissance du
cœur humain, elle avait l'enthousiasme d'une jeune
fille... »

Cette riche nature, Anne Javouhey, à partir de l'âge
de 17 ans, la mit complètement au service de Dieu; on
peut admirer dès lors ce que cette volonté énergique a
pu acquérir de vertus chrétiennes. D'ailleurs, la Congrégation des Rites se prononçait, le 11 février 1908, pour
l'introduction de la cause de béatification d'Anne-Marie
Javouhey, et le Pape Pie X signait le décret d'introduction le 13 du même mois. Rome va donc bientôt
reconnaître qu'elle a pratiqué héroïquement les vertus chrétiennes, et lui donne en attendant le titre
de Vénérable. Mais parmi ces vertus, il en est une
qui brille d'un éclat spécial, l'abandon à la sainte
volonté de Dieu. Ses épreuves ont été nombreuses, douloureuses, terribles même; elle a connu ce qu'il
y a de plus pénible pour une âme chrétienne, la persécution venant de saintes et respectables personnes mal
éclairées; elle a dû vivre des mois et des semaines sans
aucun secours religieux, sans sacrements, elle a connu
la pauvreté, le dénuement, et, au milieu de toutes ces
croix, elle est restée admirable de confiance en Dieu. La
devise qu'elle mettait sur ses lettres, elle l'avait gravée

au cœur; c'était « La sainte volonté de Dieu! »

En 1911, donc soixante ans après la mort d'Anne Javouhey, on exhuma ses restes en vue du Procès de béatification; bien que non embaumé, le corps fut retrouvé entier et parfaitement conservé: « J'ai soulevé le bras, dit un assistant, il est retombé comme celui d'une personne endormie. » Seul le visage avait noirci. « Sur l'oreiller à peine terni, écrit la *Semaine religieuse* de Beauvais, on croyait voir une admirable tête de bronze, immobilisée dans la rigide majesté du suprême sommeil. Puisque la vie mortelle n'anime plus ce noble visage, il ne pouvait, semble-t-il, après soixante ans passés dans les ténèbres du tombeau, réapparaître un instant à la lumière du jour sous un aspect plus digne de l'énergie intrépide et de la foi indomptable dont il évoque le souvenir. »

CHAPITRE II

Un Breton bienfaiteur de la Congrégation naissante des Sœurs de Saint-Joseph de Cluny

Il y avait deux ans que l'abbé Ballanche avait converti Anne Javouhey: c'est qu'aux premières années de son adolescence elle avait eu le goût du monde, où elle brillait par son entrain. Ce fut une période de dissipation qui ne fut pas sans danger pour son âme. Mais M. Ballanche veillait: missionnaire diocésain à la maison d'Ecole Beaupré, près de Besançon, au moment de la Révolution, il refusa le serment à la Constitution civile du clergé; poursuivi comme réfractaire, il vint s'établir secrètement à Seurre. Il eut ainsi l'occasion de visiter souvent la famille Javouhey. Anne-Marie admira son courage, profita de ses conseils, et sentit ainsi son cœur se déprendre peu à peu des affections terrestres pour se donner à Dieu seul. Et le 11 novembre 1798, à minuit, le bon prêtre célébrait les saints mystères dans une chambre de la maison de M. Javouhey: d'épais rideaux masquaient les fenêtres, car on était sous le Directoire après le coup d'Etat de fructidor, et la persécution sévissait violente. Au moment de la communion, Anne-Marie Javouhey se consacrait à Dieu, avec le consentement de son père.

Mais le 18 brumaire, Bonaparte renverse le Directoire, la persécution diminue; le premier Consul entre même en relations avec la Cour romaine en vue d'un Concordat, les églises se rouvrent, les Congrégations dispersées rassemblent leurs restes épars. Anne Javouhey aussitôt se décide à entrer au noviciat des Religieuses de la Charité de Besançon. Mais quand l'heure de la profession approche, des angoisses et des ténèbres extraordinaires remplissent tout à coup son âme, et, sur le conseil de son directeur, elle quitte la Communauté. Un second essai chez les Trappistines de Suisse produisit les mêmes phénomènes à l'approche de la prise d'habit. Elle revint à Chamblanc, initiée quand même aux voies de la perfection, mais se demandant ce que Dieu voulait d'elle.

Or, en 1804, Pie VII vint en France sacrer Napoléon. Il demeura un certain temps en notre pays, et c'est à Chalon que le Saint-Père passa la semaine sainte de 1805. Anne Javouhey accourt en cette ville avec ses sœurs. Elle a le bonheur d'assister à une messe célébrée par le Pape, de recevoir de sa main la communion. Bien plus, vêtues de la robe bleue des paysannes de la Côte-d'Or, les jeunes filles obtiennent la faveur insigne d'une audience du Souverain Pontife, qui dit à Anne Javouhey « que Dieu opérerait par elle beaucoup de choses pour sa gloire. »

A partir de ce moment, en effet, la Providence la mène comme par la main et avec une étrange rapidité vers l'œuvre à laquelle elle la destine. Le curé de Saint-Pierre de Chalon lui offre d'instruire les petites filles pauvres de sa paroisse; des jeunes filles se proposent pour l'aider. Avant de répondre, elle veut consulter l'évêque d'Autun, Mgr de Montanges; le prélat ajoute ses sollicitations à celles de son curé tout en lui recommandant la prudence, car la France n'était pas encore mûre pour la réapparition des Ordres religieux.

« Je ne veux d'aucune congrégation religieuse, écrivait, en effet, Napoléon, en 1805, à son ministre Portalis; de bons curés, de bons évêques, de bons prêtres, des séminaires bien entretenus, c'est tout ce qui est utile. » Et cependant, ô puissance merveilleuse de la Providence, un an plus tard, le 12 décembre 1806, au camp de Posen, en Prusse, l'empereur Napoléon signera l'autorisation d'une Congrégation. inexistante jusque là et toute nouvelle donc dans l'Eglise, la Congrégation que venait de fonder Anne-Marie Javouhey.

Comment cela s'était-il produit? C'est que la Vénérable fondatrice avait reçu de la Providence un merveilleux auxiliaire dans la personne du préfet de Saône-et-Loire, M. de Roujoux. Administrateur zélé, ce préfet se préoccupe de tout ce qui peut relever les ruines faites par la Révolution et dirige dans ce sens tous ses administrés. En juin 1806, il vient lui-même visiter l'école que Anne-Marie Javouhey avait ouverte dans l'ancien Séminaire, et encourage la Fondatrice. Une délibération du Conseil municipal de Chalon du 6 juillet 1806 en fait foi: « Considérant, y lit-on, que l'établissement a été visité par le préfet et a reçu de ce magistrat si respectable et si cher à la ville la plus flatteuse approbation... » « Son sous-préfet, dit une lettre de la Vénérable Mère, nous a témoigné toutes sortes de bontés et, après nous avoir bien promis d'être notre appui dans toutes les circonstances, il a décidé que la ville nous donnerait mille écus pour nos classes. » M. de Roujoux lui accorde même gratuitement une partie de l'ancien couvent des Carmes, afin d'y établir une filature pour les orphelines.

C'est alors qu'elle ouvrit dans sa maison un oratoire et le fit ériger sous le vocable du Saint qui est le refuge des âmes pieuses aux abois: saint Joseph devint ce jour-là, 20 août 1806, le patron de la nouvelle Congrégation; et c'est ce même jour que M. de Roujoux présentait au Ministre des Cultes, M. Portalis, la demande en autorisation légale de la Société.

Chalon cependant offrait peu de ressources, et l'évêque voulait procurer aux enfants de sa ville épiscopale les avantages de l'instruction chrétienne; il demanda donc à la Fondatrice d'établir sa maison-mère à Autun. Pour cette translation, l'autorisation du préfet était nécessaire. M. de Roujoux, toujours bienveillant, écrivit au maire d'Autun:

« M. le Maire, je ne mettrai aucune opposition à ce
« que la maison principale des Dames de Saint-Joseph
« s'établisse à Autun. Je sais tous les motifs de Mgr
« l'évêque et je ne puis qu'y applaudir. Je regrette ce-
« pendant que la ville de Chalon ne puisse pas pré-
« senter les mêmes ressources à cet établissement, mais
« je suis forcé de convenir qu'elle a déjà des engage-
« ments qui excèdent peut-être ses moyens; il faut
« donc se borner sagement et attendre le reste de la
« Providence et du temps... »

Dans la ville d'Autun, c'est le Préfet lui-même qui se chargea de lui procurer un local, en mettant à sa disposition l'ancien Grand Séminaire avec ses dépendances. « J'arrive de Mâcon, écrit la Vénérable Mère, d'où
« j'apporte par écrit la donation que nous a faite M. le
« Préfet de la jouissance du Grand Séminaire avec ses
« dépendances. »

Trois ans plus tard, l'Etat eut besoin du Grand Séminaire pour loger ses prisonniers de guerre, le Préfet s'excusa d'être obligé de faire occuper le Grand Séminaire. C'est alors que M. Javouhey acheta la propriété de Cluny, dont la Fondatrice prit possession à la fin de juin 1812. M. de Roujoux, dans cette circonstance, aida de son mieux la Congrégation. D'ailleurs, dans toutes ses difficultés avec les municipalités ou autres administrations, on voit la Vénérable Mère recourir à M. de Roujoux et terminer ses lettres toujours à peu près en ces termes: « J'attends de la bonté paternelle
« que vous avez bien voulu toujours avoir pour nous... »

M. de Roujoux était Breton. Né à Landerneau

le 20 mai 1753, Louis-Julien de Roujoux, descendait d'une famille noble, originaire d'Ecosse, qui s'était réfugiée en Bretagne à la suite de la condamnation à mort d'un de ses membres, capitaine des gardes de Charles Ier. Il était avocat et maire de Landerneau quand il fut choisi pour représenter le Tiers-Etat aux Etats de Bretagne de 1789. Il prit parti pour la Révolution et fut élu député à la Législative. Girondin convaincu, il refusa de siéger à la Convention et fut mis hors la loi pour fédéralisme. Il réussit à se cacher et, après la chute de Robespierre, fut nommé accusateur public près le tribunal criminel du Finistère. Elu membre du Conseil des Anciens en 1796, il ne prit aucune part au coup d'Etat du 18 brumaire et néanmoins fut nommé membre du Tribunat. Lié d'amitié avec Latour-d'Auvergne, il lut en cette assemblée la lettre que le brave guerrier lui avait écrite la veille de sa mort. Il fit partie de la Commission des sept membres qui fut chargée de préparer le Concordat, et conclut à l'adoption du projet du Gouvernement. Au mois d'avril 1802, il fut nommé préfet du département de Saône-et-Loire. C'est en cette qualité qu'il reçut à Chalon le Pape Pie VII; il eut pour le Pontife des égards délicats dont le Pape fut touché et que les catholiques ne peuvent oublier. Il administra le département de Saône-et-Loire pendant douze ans, avec un zèle admirable, et fut créé baron en 1808. A la première Restauration il perdit son emploi, mais reçut du roi une pension. Rappelé dans l'administration pendant les Cent jours, il fut nommé sucessivement préfet du Pas-de-Calais, puis d'Eure-et-Loir. A la seconde Restauration, il se retira définitivement des affaires publiques et s'établit à Brest, consacrant ses loisirs à la peinture et à des travaux littéraires. Il y mena une vie chrétienne. Dans les archives de la fabrique de Recouvrance, on peut voir une liste de souscriptions faite par le curé M. Inisan, en faveur du rachat de la chapelle de Notre-Dame

Tombeau de M. de Roujoux au cimetière de Brest

de Recouvrance: en tête des souscripteurs on voit le nom du baron de Roujoux pour 4.000 francs. Il était cependant paroissien de Saint-Louis, et, lors de la Mission de 1826, il fut un des fidèles auditeurs du P. Guyon. Au procès intenté contre les perturbateurs qui avaient voulu empêcher la Mission, il déposa contre eux et en faveur des Missionnaires. Il mourut le 1ᵉʳ février 1829 et fut enterré au cimetière de Brest. Son tombeau existe encore près de la chapelle du Cimetière; il est formé d'un parallélépipède de maçonnerie que surmonte une grande dalle de granit et qu'entoure une grille de fer. Le lierre a couvert toute la tombe, mais en l'écartant on peut lire ces mots gravés dans la pierre.

« Ici repose Louis-Julien baron de Roujoux

Ancien préfet

1829

Priez Dieu pour lui. »

La Vénérable Mère Javouhey n'oublia jamais ce bienfaiteur de sa Congrégation et vint bien des fois sur cette tombe prier Dieu de vouloir rendre à son ancien préfet de Saône-et-Loire, le « verre d'eau » qu'il lui avait généreusement donné.

CHAPITRE III

Recouvrance en 1826

La partie de Brest, établie sur la rive droite de la
Penfeld, s'appelle Recouvrance. Jusqu'au xive siècle,
c'était la chétive bourgade de Sainte-Catherine, agglomération de quelques cabanes de pêcheurs autour
d'une petite chapelle dédiée à la vierge d'Alexandrie;
la bastille de la Motte-Tanguy la dominait et la proté-
geait. En 1346, un seigneur du Chastel fonda sur le bord
de la Penfeld une chapelle érigée sous le vocable de
Notre-Dame de Recouvrance, où l'on viendrait prier
pour la « recouvrance » des marins partis en mer.
Puis Richelieu fait de Brest un des trois grands ports
militaires de la France. A la population de pêcheurs
s'ajoute alors un groupe de calfats et de charpentiers;
le bourg devient une agglomération plus importante
même que celle de la rive gauche, et prend de sa chapelle le nom de Recouvrance. Sous Louis XIV, la partie
de gauche, à son tour, prend un grand développement.
Ces deux agglomérations sont réunies par le roi, dès
1681, en une ville ou communauté unique dite de Brest;
une fois sur trois le maire doit même être de Recouvrance.

Eh bien! en dépit de l'ordonnance royale, l'agglomération de la rive gauche s'appela Brest, celle de la rive
droite, Recouvrance, et jusqu'à l'établissement du Pont

national, en 1861, Brest et Recouvrance restaient deux villes distinctes. A la fin de la Révolution, Cambry le constate dans son *Voyage dans le Finistère:* « Les différences qui règnent entre les peuplades de la Bretagne sont singulièrement prononcées entre Brest et Recouvrance, cependant séparées par une petite rivière; ce ne sont ni les mêmes mœurs, ni le même langage, ni les mêmes idées. » En 1857, dans son livre intitulé *Brest,* Daniel de Prony écrit: « Brest et Recouvrance sont deux villes distinctes: on dirait deux êtres unis par un mariage forcé ou de convenance, qui, malgré leurs efforts, n'ont pu s'entendre et en sont venus à une rupture volontaire sans scandale, après s'être convaincus de leur incompatibilité d'humeur; deux êtres qui, certains de ne pouvoir jamais s'accorder, ont pris la sage et ferme résolution de retourner chacun sous son toit et d'y vivre entièrement étrangers l'un à l'autre. On dirait non pas qu'une étroite rivière, mais qu'une vaste rivière les sépare. Brest est depuis longtemps une ville toute française, Recouvrance est restée une cité armoricaine.

La première est une colonie maritime où sont venus habiter des gens de tous les pays; la deuxième n'a qu'une population exclusivement bretonne.

Ne cherchez plus à Brest aucun des usages de nos pères: toute trace du passé y a disparu. A Recouvrance, au contraire, tout s'est conservé des usages d'autrefois...

Personne ne parle plus le breton à Brest; l'idiome du Léonais est le dialecte de la plupart des habitants de Recouvrance.

Brest marche en plein xixe siècle; Recouvrance n'a pas encore absolument franchi le xviie.

Le dirai-je enfin, il y a entre la rive gauche et la rive droite une inimitié sourde, un reste de cet antagonisme existant autrefois entre la France et la Bretagne... Recouvrance est une ville à l'index: il y a deux

cents familles de Brest qui n'y ont jamais mis les pieds
et qui croient fermement qu'on ne peut y aller sans
se compromettre.

Hâtons-nous cependant de le dire, les préventions
contre cette honorable fraction de la ville sont certai-
nement ridicules à force d'être exagérées.

Si la rive droite n'est pas élégante comme la rive gauche, si un fashionable en bottes vernies, une femme en
cachemire, y font l'effet d'une comète, les mœurs de
l'antique Sainte -Catherine sont restées éminemment pa-
triarcales.

Brest est une femme un peu coquette, essentielle-
ment vaniteuse; Recouvrance est une fille révéren-
cieuse et modeste.

La première découvre volontiers le bas de sa jambe;
l'autre rougirait jusqu'au blanc des yeux, si elle croyait
qu'on pût voir seulement sa cheville.

Brest, c'est la fille du second lit qui a hérité de toute
la prévention turbulente et orgueilleuse de sa mère.
Recouvrance, c'est la vieille fille qui se lamente, qui
pleure et qui s'efforce, par son humilité et sa componc-
tion, d'obtenir que le ciel ne se ferme pas un jour sans
miséricorde à celle qui la méprise et en fait son jouet. »

Brest et Recouvrance sont établies sur deux collines
séparées par une vallée profonde. Sans doute la petite
rivière de la Penfeld y a choisi son lit, mais ce n'est
pas elle seule qui sépare ces deux agglomérations, c'est
surtout un bras de mer qui avait alors jusqu'à 100 mè-
tres de largeur et que soulevaient souvent les vents
de suroît si fréquents à Brest. Chaque rive, d'ailleurs possède un quai, du côté de Brest le quai
Tourville, du côté de Recouvrance le quai Jean-
Bart. A leurs extrémités ces quais servent à la
marine de guerre; mais le milieu est livré à la
marine marchande, et des grilles séparent ces dif-
férentes parties ; sur les bords de la partie marchande du quai Jean-Bart et du quai Tourville s'élè-

vent des maisons, au rez-de-chaussée desquelles s'ouvre
soit une auberge, soit une boutique où l'on vend tout
ce qui concerne le gréement des bateaux. Au dessous
de l'enseigne des auberges, on lit toujours ces mots
« Place à la chaudière », c'est-à-dire que le cuisinier
d'un bateau peut y installer sa coquerie.

La marine marchande ne comprend que des bâtiments de petit cabotage s'amarrant à l'un ou l'autre
des quais pour décharger les marchandises nécessaires
à la consommation locale. Brest n'est pas encore une
ville de commerce, même d'entrepôt; tout se réduit à
subvenir aux seules nécessités des habitants. Sans
doute le pays exporte des blés, des cuirs, des toiles,
des beurres, un peu de cire; mais l'embarquement de ces produits se fait à Landerneau ou à
Morlaix. Contre le quai Tourville s'amarrent donc
des gabarres apportant des bois de chauffage et
de charpente, des ardoises, des vins; les bateaux de
pêche viennent tous accoster au quai Jean-Bart et pendant longtemps les femmes de Recouvrance auront
une espèce de monopole de la vente du poisson, même
dans Brest. Enfin ajoutons les quatre chalands qui
transportent les attelages d'un bord à l'autre, et les
cinquante barques qui assurent la communication des
deux rives aux piétons, on aura une idée de tout ce
qui s'agite sur ces bords. Le milieu du Chenal est oc-
cupé par les navires de guerre qui forment, depuis
l'entrée du port jusqu'au fond de la Penfeld, une rue
de vaisseaux se prolongeant sans interruption pendant
trois quarts de lieue.

Voilà bien la véritable barrière qui sépare Brest de
Recouvrance. Sans doute, les cinquante barques dont
nous parlions assurent la communication; au XVIIIe siècle, le prix du passage était de « un denier par piéton,
deux deniers par bête à quatre pieds, et six deniers
par charrette ou voiture ». En 1826, le prix est de trois
deniers ou un liard pour les piétons, deux liards pour

un cheval, un sou par voiture. Mais une barque pour piétons ne part que lorsqu'elle a ses vingt passsagers, à moins que le voyageur ne paie pour vingt, et, une fois partie, la barque doit éviter les multiples embarcations qui sillonnent en tous sens le chenal, éviter les navires de guerre dont le remous, quand ils se déplacent, s'ajoute au mouvement des vagues, à la pluie qui tombe, aux brouillards épais qui limitent la vue, au vent qui souffle si souvent. Aussi, les registres de police de Brest le montrent, il ne se passe guère de semaine que le passage ne cause un accident mortel. Le 18 avril 1689, trente-deux personnes à la fois furent noyées, qui voulaient aller de Brest à Recouvrance. Un jour de 15 août, la population de Recouvrance venait, clergé en tête, assister à Brest à la procession du vœu de Louis XIII; soixante personnes trouvèrent la mort dans la Penfeld. Cependant les jeunes gens de Brest ou de Recouvrance aimaient à franchir l'obstacle à la nage, en dépit des règlements; ils se déshabillaient sur une rive, ajustaient leurs effets sur la tête et se rhabillaient sur l'autre rive; le passage était un sport très goûté alors et l'objet de véritables matchs.

Si partant du quai Jean-Bart on gravît la colline de Recouvrance, on aperçoit au sommet l'église Saint-Sauveur, bâtie en 1749 et devenue cette année là même, église paroissiale. Entre les quais et le rempart, vit en 1826 une population de 12.000 habitants. Jusqu'à la Révolution, on y rencontrait de beaux hôtels et des jardins où poussaient des plantes exotiques, que le climat doux de la Bretagne laissait vivre en pleine terre : c'étaient les habitations de grands armateurs. Depuis la Révolution, ces magnats ont disparu, et la population ne comprend plus que d'humbles artisans et des employés de la marine. Aujourd'hui encore Recouvrance compte 12.000 habitants, mais il y a 200 maisons de plus; cela indique dans quel entassement vivaient les Recouvrançais en 1826.

CHAPITRE IV

Le première venue à Brest de la Vénérable Mère
le 15 mai 1818

Une nuit Madame Javouhey eut un songe étrange. Elle se vit entourée d'hommes de couleur, les uns noirs, d'autres de couleur plus ou moins foncée, et il lui sembla entendre en même temps une voix qui lui disait: « Ce sont les enfants que Dieu te donne. » Elle ne comprit rien à ce songe, car, ayant grandi pendant la Révolution, n'ayant pu fréquenter longtemps l'école, elle savait à peine, à ce moment, qu'il y eût des hommes de races si diverses, au teint si différent de celui des blancs.

Or voici que, poussée par une attraction irrésistible, impulsion évidente de la Providence, la Vénérable Mère voulut établir des Sœurs à Paris. A ce moment, la méthode lancastrienne, dite d'enseignement mutuel, venait de s'introduire en France. Cette méthode, dans laquelle les élèves les plus avancées, sous le nom de moniteurs, instruisaient les plus jeunes, avait aux yeux de la Vénérable Mère un précieux avantage, celui de diminuer le nombre des maî-maîtresses, ou plutôt de permettre d'augmenter le nombre des élèves sans augmenter celui des maîtresses. Cet avantage était également apprécié de

Embarquement des Sœurs à la cale de Recouvrance (1818)

la Préfecture de la Seine, qui ne pouvait recruter assez d'instituteurs pour l'éducation des enfants de Paris. Aussi quand Madame Javouhey ouvrit, rue Pont-de-Lodi, une école d'enseignement mutuel, la Préfecture s'intéressa à son œuvre, la fit aider par des délégués de sa Commission d'enseignement, et bientôt la Préfecture elle-même faisait une réclame magnifique en faveur de l'école de la rue du Pont-de-Lodi. C'est ainsi renseigné que le gouverneur de l'une de nos colonies, M. Desbussyns de Richemont, vint visiter cette école et proposa à la Vénérable Mère l'œuvre de l'éducation de nos petits nègres de l'île Bourbon (actuellement appelée île de la Réunion). A cette proposition, Madame Javouhey se rappelle le songe qu'elle a eu. « Ce sont les enfants que Dieu te donne », se dit-elle en elle-même, écho de la voix qu'elle avait jadis entendue. Elle a l'intelligence de la vocation spéciale de son Ordre, et, le lendemain même du jour où la proposition lui est faite, elle vient voir M. Desbussyns et lui dire qu'elle accepte le nouveau champ offert à son zèle. Madame Javouhey venait de créer le premier ordre de femmes missionnaires: la Congrégation des Sœurs de Saint-Joseph de Cluny entrait, sur les pas des missionnaires, dans l'œuvre de l'évangélisation des pays lointains.

Quatre religieuses s'embarquaient à Rochefort le 10 janvier 1817 à bord de l'*Eléphant*, à destination de Bourbon, où elles arrivaient le 28 juin. La Vénérable Mère avait tenu à accompagner ses Sœurs jusqu'à Rochefort; ainsi fera-t-elle, autant que possible, jusqu'à sa mort. Les départs vont se succéder maintenant, de plus en plus fréquents. A cette époque le port ordinaire d'embarquement pour les colonies était Rochefort. Les paquebots n'existant pas, c'est à bord des navires de l'Etat qu'on prenait place; d'ailleurs c'est aux frais de l'Etat que les bonnes religieuses étaient transportées outre-mer. Un jour cependant, un départ devant avoir lieu de Brest, Madame Javouhey vint dans cette ville accompagner ses filles. Le 15 mai 1818, la diligence de Paris franchissait la porte de Landerneau et s'arrêtait au numéro 1 de la Grand'rue, à l'Hôtel du Grand Monarque. La Vénérable Mère, pour la première fois, posait le pied à Brest, et il est facile de se représenter l'étonnement des Brestois devant l'original costume bleu des Sœurs de Saint-Joseph de Cluny. La première visite dut être au bas de la même rue, à l'Hôtel de l'intendance maritime, pour se renseigner sur la date du départ, puis le lendemain, Madame Javouhey et ses Sœurs durent aller entendre la messe en cette église Saint-Louis qu'elles avaient aperçue en descendant chez l'Intendant. Le curé de Saint-Louis était alors l'abbé Labous. Huit jours auparavant, le vendredi 8 mai, il avait procédé à l'installation, comme curé de Recouvrance, de son premier vicaire, l'abbé Inisan. La Vénérable Mère alla-t-elle jusqu'à Saint-Sauveur? Il est probable, car le départ n'eut lieu que le 23 mai, et des religieuses qui séjournent dans une ville ne peuvent pas ne pas visiter toutes les églises de la localité. Cependant une grande inquiétude les troubla fort pendant leur séjour à Brest. Les malles contenant leurs effets qui avaient été confiées à la poste n'arrivaient pas. Tous les seconds jours on venait attendre l'arrivée de la poste à l'Hôtel du Grand Monarque, et point de malles encore. Le 21 mai, Madame Javouhey écrivait de Brest à la Sœur Marie-Joseph Varin: « Jugez, ma chère fille, de notre embarras; au moment d'embarquer, pas de malles arrivées. Il faut dépenser les quatre sous qui nous restent pour acheter le plus strict nécessaire, et encore il faut que ce soient les Sœurs de Saint-Joseph pour s'en contenter et partir si gaiement avec un si mince trousseau. Cependant elles montrent un courage qui me fait grand plaisir. » Le départ, fixé au 21, n'eut lieu que le 23 mai, à bord du *Golo*, et les malles arrivèrent le 22. L'embarquement se fit au quai Jean-

Bart, à la cale située près de la chapelle de Notre-Dame
de Recouvrance. Sûrement la Vénérable Mère dut y
entrer avec ses filles et, dans un regard de piété ar-
ardente, fixa la statue récemment sculptée par Yves
Collet qui, sous les apparences d'une grande Dame du
xviiie siècle, représentait la Sainte Vierge, et recom-
manda ses Sœurs à l'Etoile de la Mer.

Cinq ans plus tard, deux autres Sœurs de Saint-Joseph de Cluny vinrent s'embarquer à Brest, à destination de la Nouvelle Angoulême; elles prirent place à
bord de la corvette *Sapho*, le 5 février 1823. Mais la
Vénérable Mère ne put cette fois accompagner ses
Sœurs; elle-même, à cette époque, avait franchi la mer;
elle était au Sénégal depuis 1822, et n'en revint qu'au
début de 1824.

CHAPITRE V

Monsieur Inisan, curé de Recouvrance, en 1826

Oɴ lit dans le cahier des Délibérations de la Fabrique de Recouvrance: « Vendredi 8 mai 1818, à 10 heures et demie du matin, il a été procédé dans l'église paroissiale de Saint-Sauveur de Brest, à l'installation de Monsieur Pierre-Marie Inisan, prêtre, premier vicaire de la paroisse de Saint-Louis de Brest, comme curé de la dite paroisse de Saint-Sauveur, en vertu de sa nomination par S. M. Louis XVIII, roi de France et de Navarre, sur la présentation de Mgr Pierre-Vincent Dombideau de Crouseilhes, évêque de Quimper, laquelle a eu lieu avec les cérémonies suivantes: A 10 h. 1/2 s'est présenté au grand portail de l'église paroissiale de Saint-Sauveur Monsieur Pierre-Marie Inisan, accompagné du clergé des deux paroisses de Saint-Sauveur et de Saint-Louis de Brest, et conduit par Monsieur Labous, curé de celle-ci. Y étant arrivé, Monsieur Inisan, prosterné sur un prie-Dieu placé sous la grande porte de l'église, a reçu l'hommage de M. Vichot, chevalier de Saint-Louis et de la Légion d'honneur, marguillier en exercice et trésorier de la Paroisse, qui lui a présenté les clefs de l'église pour lui marquer le pouvoir qui venait de lui être dévolu par sa nomination de Pasteur à la dite paroisse de Saint-Sauveur de Brest.

Monsieur Labous, curé de Saint-Louis, entonnant le *Veni Creator,* l'a ensuite conduit processionnellement au maître-autel de l'église et a procédé solennellement à toutes les cérémonies d'usage pour la réception. Après cela, Monsieur Labous et Monsieur Inisan se sont dirigés vers la chaire de l'église, où l'un et l'autre ont fait un discours analogue à cette auguste cérémonie en présence des paroisssiens assemblés et d'un grand nombre de personnes les plus distinguées des deux paroisses de Saint-Louis et de Saint-Sauveur. Les sentiments exprimés, principalement dans le discours de Monsieur Inisan, où se peignaient et toute la joie que son cœur éprouvait de pouvoir assurer combien il allait se trouver heureux de tout sacrifier pour le bonheur de ses paroissiens, et toutes les vertus chrétiennes qui sont l'ornement de son caractère, ont pénétré l'âme de ses auditeurs et ont unanimement confirmé la haute réputation que ce vertueux ecclésiastique s'est acquise par la conduite morale et pieuse qu'il a tenue dans les fonctions de premier vicaire de la paroisse Saint-Louis de Brest. »

« Je soussigné Labous certifie avoir installé curé de la paroisse de Saint-Sauveur Pierre-Marie Inisan, en vertu de provision et désignation de commissaire installeur en date du 17 avril 1818 signées † P. V. episcopus. »

Ont signé: le maire de Brest, Henry.

Pennanrun, curé de Lambézellec; Milin, recteur de Saint-Pierre; d'autres prêtres et enfin Labous, curé de Saint-Louis. »

Monsieur Inisan était le quatrième curé de Recouvrance depuis le Concordat, ses prédécesseurs étant MM. Guino, Corre et Boisdaniel. Né à Plounévez-Lochrist le 8 septembre 1786, Pierre-Marie Inisan avait fait ses études à l'école secondaire que tenait M. Poulzot, au château de Kerouzéré, en Sibiril. Entré au Grand Séminaire de Quimper en 1809, il reçut la prêtrise le 9 mars 1811, et, au lendemain même de son ordination, était nommé vicaire à Saint-Louis de Brest.

Nous avons lu, aux archives de l'Evêché, la correspondance échangée entre l'administration diocésaine et le curé de Recouvrance. Elle est édifiante. En 1826, M. Inisan avait comme vicaires MM. Pouliquen, Ollivier et Paquet. En décembre, cette année, M. Pouliquen fut nommé recteur. A ce sujet M. Inisan écrivit à l'évêque, Mgr de Poulpiquet.

« Monseigneur,

« Le mérite connu de M. Pouliquen me faisait ap-
« préhender depuis longtemps son changement. Le
« coup, pour avoir été prévu, ne m'est pas moins pé-
« nible. Je perds le plus capable de mes coopérateurs
« dans le moment où nos occupations se sont multi-
« pliées par les heureux succès du jubilé. De toutes les
« peines inséparables de la charge pastorale, il n'en
« est point qui me soit plus pénible que d'être obligé
« de me séparer de mes vicaires; il est vrai que je n'ai
« eu jusqu'à présent qu'à me louer des sujets que mes
« supérieurs m'ont donnés... Vous savez que la popu-
« lation de ma paroisse est de 12.000 âmes et que nous
« ne sommes que quatre confesseurs. Il n'y a point de
« ville dans votre diocèse qui en ait moins, eu égard
« au nombre d'habitants, car nous n'avons point d'au-
« môniers qui sont bien utiles dans les paroisses pour
« les confessions. »

Le 24 juillet 1826, M. Labous, curé de Saint-Louis, décédait, alors qu'un mois plus tard, le 27 août, devait s'ouvrir dans les deux paroisses de Brest, une mission que les sectes anticléricales de la ville, carbonaristes et franc-maçons, avaient juré d'empêcher à tout prix. Le moment était critique, la situation exigeait un curé sage et pondéré. Le 1ᵉʳ août, Mgr de Poulpiquet écrivait à M. Inisan pour lui offrir la cure de Saint-Louis. Mais le bon curé reçoit cette proposition comme un calice d'amertume. Il répond à l'évêque:

« MONSEIGNEUR,

« Ma répugnance pour cette place est telle que je ne « pourrai jamais me résoudre à l'accepter. Je ne sens « que trop l'impuissance où je suis de bien remplir « celle qui m'est confiée; si je suivais l'impression de « ma conscience, je vous supplierais de m'en déchar- « ger. J'ai déjà fait part à Votre Grandeur de mes jus- « tes craintes à cet égard. Ces craintes se renouvellent « toutes les fois que je pense que l'instruction est le « devoir le plus essentiel d'un pasteur et que j'ai si « peu de facilité à m'en acquitter. La Providence peut- « elle vouloir qu'un ecclésiastique qui est privé de « cette qualité et qui n'a eu que deux années de théo- « logie, science si nécessaire, ait la témérité d'accep- « ter une paroisse où le ministère présente toutes les « difficultés possibles? Non, Monseigneur, on ne me le « persuadera jamais. Je vous supplie donc de ne pas « pousser plus loin une épreuve que je n'aurai pas la « force de soutenir... »

Mgr de Poulpiquet lui répond:

« Non, mon cher Monsieur Inisan, votre répugnance « pour la cure de Brest ne sera pas invincible. Je sa- « vais que cette nomination vous ferait de la peine, « puisque vous me confiâtes, il y a quatre ans, que « vous vouliez vous démettre de la cure de Recou- « vrance. Vous reconnûtes alors dans la voix de vos « supérieurs celle de Dieu, reconnaissez-la encore au- « jourd'hui. D'ailleurs je sais que les autorités de « Brest et les principaux habitants de Saint-Louis se- « ront heureux de vous avoir comme pasteur; on vous « a estimé comme vicaire, on vous vénérera comme « curé. »

Monsieur Inisan persiste dans sa répugnance et écrit
à l'évêque:

« MONSEIGNEUR,

« Le résultat de mes réflexions est toujours le même.
« Je ne puis sortir de la cruelle alternative où vous
« me mettez, ma conscience est gênée. Je vous confesse
« cependant qu'elle m'excite d'une manière irrésistible
« à refuser la place à laquelle vous voulez me nom-
« mer. Veuillez, Monseigneur, y avoir égard.

« Quant au désir qu'auraient pu témoigner les habi-
« tants et les autorités de Brest de m'avoir comme pas-
« teur, je n'en suis pas étonné, n'ayant eu avec eux, jus-
« qu'à ce jour, que des relations purement civiles et po-
« litiques. Je me méfie seulement de ce désir qu'on vous
« témoigne. Croyez, Monseigneur, que ces personnes
« connaissent mieux que vous mes imperfections et
« mes défauts et qu'elles espèrent peut-être en tirer
« profit pour leur compte. Je ne puis assurer qu'elles
« ne puissent pas réussir, tant mon impuissance m'est
« connue. Alors quelle douleur pour vous et quel mal-
« heur pour moi de m'être chargé d'un fardeau qui est
« au dessus de mes forces?... »

Une troisième fois l'évêque insiste, nous n'avons pas
trouvé sa lettre, mais voici la réponse du curé.

« MONSEIGNEUR,

« Si votre Grandeur persiste, elle aura la douleur de
« me voir succomber avant d'avoir pu me résoudre à
« consommer mon sacrifice, décidé que je suis à me
« conformer désormais à ces terribles paroles de saint
« Grégoire:
« *Virtutibus pollens coactus ad regimen accedat, vir-*
« *tutibus vacuus et coactus ne accedat.* » (Si quelqu'un
a les qualités voulues et qu'on le force à accepter le
commandement, qu'il l'accepte, s'il n'a pas ces qualités,
même forcé, qu'il ne l'accepte pas).

Devant cette parole d'un Docteur de l'Eglise, Mgr de Poulpiquet n'insista plus, et le 1er septembre il nommait à la cure de Saint-Louis M. Joseph Graveran, professeur au Grand Séminaire. C'est le cas de dire : l'homme propose et Dieu dispose. La Providence voulait préparer M. Graveran à monter un jour sur le siège de saint Corentin, et elle réservait le bon M. Inisan à la belle œuvre de la Vénérable Mère Javouhey.

Certes M. Inisan ne s'est pas fait un nom en Théologie, mais était-il vraiment *virtutibus vacuus*, sans qualités, comme il le dit? En 1819, il achète, restaure et rend au culte la Chapelle de Notre-Dame de Recouvrance. En 1829, il fait réparer la chapelle de la Congrégation dont il ne restait plus que les murs. Il poursuivit ensuite pendant dix ans la restauration de l'église paroissiale; c'est lui qui fit poser la gracieuse grille qui forme encore la table de communion. L'assistance à la messe procurait à la fabrique, pour l'année 1819, un revenu de 5.000 francs; cette même assistance, alors que le tarif des chaises était resté le même, procurait en 1846, l'année qui précéda sa mort, la somme de 11.000 francs; l'assistance à la messe avait donc plus que doublé. D'ailleurs, un des premiers actes de Mgr Graveran, devenu évêque de Quimper, fut de mettre sur les épaules du bon curé le camail de chanoine honoraire. Quand la santé de M. Inisan commencera à lui rendre le ministère pénible, l'évêque lui proposera une stalle au Chapitre de sa cathédrale. M. Inisan refusera encore.

« Monseigneur,

« Si ma conscience me reproche déjà d'occuper une
« place que je ne puis pas remplir, pourrais-je la cal-
« mer en acceptant une autre qui serait encore, mal-
« gré le peu d'étendue des obligations qu'elle impose,
« au dessus de mes forces? Non, j'ai trop d'infirmités,
« et cependant, dans l'isolement où je me trouve, rien

« ne me serait plus agréable que de me rapprocher de
« mes anciens amis et surtout de celui qui, en devenant
« mon supérieur, m'inspire le plus grand respect sans
« rien perdre de mon affection... » Et M. Inisan mourra
curé de Recouvrance, le 3 octobre 1847.

Tel est le prêtre que nous allons maintenant voir en
relations avec la Vénérable Mère Javouhey.

CHAPITRE VI

Fondation de la Communauté de Recouvrance

Au début de la Restauration, l'embarquement pour les colonies se faisait le plus souvent à Rochefort, avons-nous dit. Mais le départ des navires n'avait pas la régularité des bateaux à vapeur d'aujourd'hui : il fallait attendre longtemps parfois des vents favorables. Pour ne pas exposer les religieuses à demeurer des semaines entières dans un hôtel au milieu des séculiers et de la dissipation du monde, la Vénérable Mère loua, dans la banlieue de Rochefort, à Bourg-de-Charente, une maison pour les recevoir. Mais voici qu'en 1825, le Ministère de la Marine désigna Brest comme port d'embarquement pour les colonies. Aussitôt Madame Javouhey résilia le bail de Rochefort et vint à Brest, dans les premiers jours de 1826, accompagner huit Sœurs qu'elle envoyait à la Martinique. Le 13 janvier, elle écrivait de Brest à la Mère Rosalie Javouhey, à Bourbon :

« MA BIEN CHÈRE FILLE,

« Je viens d'acheter une jolie petite maison à Brest
« comme pied à terre pour les Sœurs qui vont aux co-
« lonies ou en reviennent ; elle nous est devenue d'une
« absolue nécessité à cause du grand nombre de mu-
« tations que nous sommes obligées de faire continuel-
« lement. Elle sera aussi d'une grande ressource pour

Le Pavillon habité par la Vénérable Mère

« les Sœurs malades qui reviendront en congé, ce qui
« arrive très souvent. Elle nous coûte 20.000 francs
« payables en deux ans. Il y a là un corps de logis sé-
« paré avec un jardin; nous y logerons toutes les reli-
« gieuses destinées aux colonies, même des autres Or-
« dres, comme aussi les missionnaires... Nous aurons
« en France un noviciat général et quatre petits novi-
« ciats sur quatre points de la France; Brest sera un
« de ces derniers... »

La maison ainsi décrite est le Pavillon situé au milieu
du jardin de la Communauté actuelle de la rue Vauban.
Les Sœurs de Recouvrance l'ont religieusement conservé, la Vénérable Mère y a logé souvent ! En
attendant qu'il fût prêt, les bonnes religieuses recevaient l'hospitalité chez Madame Raillard et chez MM.
Mescam et Debourgues, docteur médecin. Le 15 janvier, six religieuses déjà embarquées à Rochefort six
semaines auparavant à destination du Sénégal et qui,
dit la Vénérable Mère, « ont relâché à Brest avec de
grandes avaries, mais avec un courage encore plus
grand qui s'est fait admirer de tous les marins », pre-
naient place à bord de la *Flore*. Le 18 janvier, elle embarquait pour la Martinique les huit sœurs qu'elle avait
accompagnées jusqu'à Brest et regagnait Paris, après
avoir laissé quelques Sœurs à la nouvelle Communauté
de la rue Vauban.

Cette petite Communauté n'était pas riche: on n'y
mangeait de la viande que le dimanche; les autres jours
on se nourrissait des légumes et des fruits du jardin
et aussi du lait de la vache que la Sœur converse me-
nait paître sur les remparts de Recouvrance. Mais la
population de Recouvrance s'intéressa bientôt à ces
Sœurs, que leur costume faisait appeler « Sœurs
bleues ». Le baron de Roujoux, établi à Brest depuis
la Restauration, parla des merveilles qu'il avait vu ces
Religieuses accomplir dans le département de Saône-
et-Loire pour l'éducation des enfants du peuple. M.

Inisan n'était que l'écho des familles de sa paroisse quand il écrivit à la Vénérable Mère pour lui demander de permettre à ses Filles d'ouvrir une école. Madame Javouhey envoya deux autres Sœurs, et le 1er octobre 1826, la Mère Théodosie, la première Supérieure de Recouvrance, ouvrait des classes gratuites.

Mais à cette époque, on n'acceptait pas aussi facilement qu'aujourd'hui la gratuité de l'enseignement; on ne l'acceptait que comme le pain de l'aumône, quand on était vraiment dans l'indigence, et une vingtaine de petites filles seulement avaient été présentées à l'école par leurs parents. Pourquoi les Sœurs n'ouvraient-elles pas des classes payantes? Tel était le cri général. Aussi, quand, à la fin d'octobre, la Vénérable Mère revint à Brest, M. Inisan ajoutait-il ses propres instances aux supplications des familles pour lui demander ces classes. « J'accepte, répond encore la bonne Mère, mais moyennant la permission de l'Evêque. » Pure formalité, pense M. Inisan, l'évêque sera heureux de mon bonheur et l'autorisation ne tardera pas, croit-il ; et le voilà aussitôt d'écrire à l'Evêque. Mais,... ô stupeur du bon curé, voici que le 20 novembre, il reçoit de Mgr de Ploulpiquet un refus catégorique d'autorisation. C'est que l'Evêque voit au delà des limites d'une paroisse. Avec la liberté que la Restauration a donnée aux Congrégations religieuses, celles-ci ont voulu s'établir nombreuses dans le diocèse, et, comme l'instruction chrétienne était, en fait, le besoin le plus urgent, toutes demandent à ouvrir des écoles. Or, n'y a-t-il pas à craindre qu'au lieu de prospérer ces écoles ne végètent par suite de la concurrence? L'évêque vient justement d'autoriser, il y a deux ans, les Bénédictines du Calvaire de Landerneau et les Sœurs de La Providence de la rue d'Aiguillon, à Brest, à ouvrir des pensionnats et des classes payantes. Les familles aisées de Recouvrance conduiront, au besoin, leurs enfants à l'école de la rue d'Aiguillon ou au pensionnat du Calvaire.

M. Inisan ne se laisse pas déconcerter par le refus qu'il vient de recevoir, et, n'en soufflant mot à personne, il écrit de nouveau à son Evêque:

« Monseigneur,

« Je ne prévoyais point les inconvénients que vous
« trouveriez à autoriser une maison d'éducation dans
« ma paroisse, le besoin d'un pareil établissement s'y
« fait vivement sentir depuis 30 ans qu'on en est privé.
« Aussi les religieuses de Saint-Joseph étaient à peine
« parmi nous que plusieurs familles les suppliaient de
« se charger de l'éducation de leurs enfants. Ces bon-
« nes filles, qui sont disposées à entreprendre toutes
« sortes de bonnes œuvres, pouvaient-elles répondre
« qu'elles ne se chargeraient point de celle qui est le
« but principal de leur Ordre? S'il y a eu indiscrétion,
« c'est de ma part. J'avoue que je me réjouissais avec
« tous mes paroissiens d'avoir enfin trouvé des per-
« sonnes capables de répondre à leur vœu et au mien
« en se chargeant de l'éducation de petites filles, que le
« besoin de bonnes institutrices obligeait jusqu'à pré-
« sent d'envoyer aux écoles de Brest.
« Votre réponse, Monseigneur, vient m'attrister. Si
« elle était connue, elle porterait la désolation dans
« presque toutes les familles de mes paroissiens, qui
« considéraient déjà l'arrivée des Dames de la Congré-
« gation de Saint-Joseph dans cette ville comme un
« coup de la Providence. Il ne me resterait, Monsei-
« gneur, qu'à partager leur juste douleur, si je ne con-
« servais encore l'espoir de faire sentir à Votre Gran-
« deur que la demande que lui font les Sœurs de Saint-
« Joseph, ou plutôt que lui fait une population de
« 12.000 habitants, n'est pas de nature à inspirer des
« craintes aux autres communautés ou maisons d'édu-
« cation établies dans le diocèse.

« Et d'abord l'établissement d'un pensionnat pour-
« rait-il leur être nuisible? Depuis huit ans que je suis
« à Recouvrance, six à sept enfants seulement ont été
« envoyées aux Couvents par leurs parents pour y faire
« leur première communion.

« Craint-on que les Sœurs de Saint-Joseph n'aient
« des pensionnaires du côté de Brest? Mais les Sœurs
« de la Providence qui, depuis deux ans, ont annoncé
« par un prospectus imprimé qu'elles tenaient un
« pensionnat n'en ont eu que six. Le pensionnat que
« tiendraient les religieuses de Saint-Joseph ne pour-
« rait donc nuire qu'à ceux que tiennent à Brest plu-
« sieurs institutrices séculières, sans qu'elles aient de-
« mandé l'approbation de Votre Grandeur. Bien loin
« d'être un mal, ce serait un bien pour la religion.

« Je ne vois donc pas le moindre inconvénient à
« permettre l'établissement d'un pensionnat à Recou-
« vrance; il ne peut en résulter que de grands avan-
« tages.

« En second lieu, quel inconvénient y aurait-il à
« permettre aux Religieuses de Saint-Joseph d'ouvrir
« une école payée, pour les enfants des parents aisés
« qui n'auraient pas cependant assez de fortune pour
« les placer dans les pensionnats? Cette faculté est ac-
« cordée à une foule de maîtresses d'école qui ne pré-
« sentent pas les mêmes garanties aux parents. Il y a
« dans ma paroisse un grand nombre de ces maîtres-
« ses qui, sans autorisation, se mêlent de faire école
« aux petites filles et exigent une rétribution selon le
« degré d'instruction ou plutôt de la confiance qu'elles
« croient inspirer; l'éducation est au rabais, on la
« donne pour cinq sols par mois, et on est forcé de
« convenir que les maîtresses ou plutôt les bonnes
« d'enfants qui instruisent à ce prix sont encore trop
« payées. Nous n'avons pas à Recouvrance une seule
« institutrice qui soit capable d'apprendre l'écriture, le
« calcul et la grammaire. Les parents qui veulent que

« leurs enfants aient ces connaissances sont donc ré-
« duits à les envoyer journellement à Brest, malgré les
« dangers du passage, ou à y aller demeurer avec leurs
« familles, comme plusieurs l'ont déjà fait, ou enfin à
« faire donner chez eux des leçons particulières à leurs
« demoiselles par des hommes, ce qui a les plus gra-
« ves inconvénients. C'est cependant ce dernier moyen
« qu'ils emploient le plus souvent parce que c'est le
« moins dispendieux.

« Le seul remède à tous ces abus, qui ne sont mal-
« heureusement que trop réels, est d'établir une école
« où l'on puisse trouver toutes les garanties désirables.

« Si la Providence ne nous avait pas fourni le moyen
« d'avoir une maison religieuse pour l'instruction et
« l'éducation des enfants, il serait de mon devoir de
« faire tous les sacrifices possibles pour en avoir. Il
« me sera plus agréable de n'avoir qu'à répondre aux
« vues de Dieu sur mes paroissiens, je n'en douterai
« plus dès l'instant que j'aurai reçu votre approbation.

« Daignez agréer l'assurance du plus profond res-
« pect avec lequel je suis, Monseigneur,

« Votre très humble et très obéissant serviteur.

« P. Inizan, curé. »

Quelle fut la réponse de Mgr de Poulpiquet? nous n'en
savons pas les termes; ce fut encore une lettre de refus,
cependant; mais M. Inisan y trouva une lueur d'espérance, car, au risque d'importuner le prélat, il lui
écrivit le 5 janvier 1827:

« Monseigneur,

« ... Vous m'avez marqué qu'il serait inutile de vous
« importuner de nouveau relativement aux écoles que
« pourraient tenir les Sœurs de Saint-Joseph. Je n'ai
« jamais tenu plus que cela à ce qu'elles aient un pen-
« sionnat, il ne serait pas très utile à mes paroissiens
« qui sont la plupart hors d'état de payer des pensions

« pour leurs enfants, mais ce que je supplie Votre
« Grandeur de vouloir bien permettre, ce sont les pe-
« tites écoles pour la classe moyenne des habitants. Il
« serait douloureux qu'ayant dans la paroisse des per-
« sonnes capables d'instruire, les parents fussent tou-
« jours obligés d'envoyer leurs enfants aux écoles de
« Brest.

« Non, Monseigneur, j'en ai la plus entière con-
« fiance, les petits marchands, les commis de la ma-
« rine et des octrois, les maîtres du Port, tous hommes
« à petits appointements, ne seront pas désormais ré-
« duits à conduire eux-mêmes ou à faire conduire par
« leurs domestiques leurs petites filles chez les insti-
« tutrices de Brest. Grâce à Votre Grandeur ils pour-
« ront trouver, sans sortir de la paroisse, des maîtres-
« ses capables de bien élever leurs enfants.

« Je n'ai pas besoin d'entrer dans d'autres détails, il
« suffit de bien connaître la localité pour être con-
« vaincu que Votre Grandeur ne refusera pas la faveur
« que je sollicite et qui ne saurait, sous aucun rapport,
« être préjudiciable aux autres maisons enseignantes.
« Daignez agréer...

« P. Inizan, curé. »

Le 15 avril 1827, Madame Javouhey est de nouveau
à Brest, d'où elle écrit à une de ses Sœurs:

« J'ai 50 novices à prendre l'habit: voilà de belles
« espérances: je viens ici pour embarquer huit de mes
« chères filles ; quatre sont destinées pour Bourbon,
« deux pour le Sénégal et deux pour Saint-Pierre et
« Miquelon... La maison de Brest devient charmante,
« il y a 42 élèves; on est enchanté de la bonne tenue
« des classes: les Sœurs qui y sont depuis six mois ont
« fait des progrès en tous genres d'une manière éton-
« nante; vous en verrez l'expérience dans les premiè-
« res Sœurs que je vous enverrai, j'ai tout lieu de croire
« que vous en serez contente... »

A la prière de M. Inisan, la Vénérable Mère consent à écrire à l'évêque, et à la fin d'avril Mgr de Poulpiquet lui répondait et lui accordait l'autorisation **que**
M. Inisan n'avait pas obtenue, mais qu'il avait **bien**
préparée, on n'en peut douter d'après ce qui précède.

La supérieure de Recouvrance écrit à son tour à l'évêque, qui lui répond le 4 mai 1827.

« MADAME ET CHÈRE FILLE,

« Je renouvelle ici avec grand plaisir le consente
« ment et l'approbation que j'ai déjà donnés par écrit
« à Madame votre Supérieure générale, pour l'établis
« sement à Brest (côté de Recouvrance) d'une maison
« des Sœurs de l'ordre de Saint-Joseph de Cluny.

« Je dois ajouter que je n'ai qu'à remercier la divine
« Providence de posséder et de voir prospérer, dans
« une des plus importantes paroisses de mon diocèse,
« un établissement si avantageux pour les enfants de
« la classe indigente, auxquels votre charité vous porte
« à consacrer particulièrement vos instructions et vos
« soins.

« Je vous donne, Madame et chère fille, ainsi qu'à
« toutes vos Sœurs, ma bénédiction et me recommande
« à vos prières.

« Agréez, Madame la Supérieure, l'assurance de mon
« respectueux dévouement.

† J.-M. DOMINIQUE, *évêque de Quimper.* »

Entre temps, la Supérieure générale avait elle-
même écrit au Maire de Brest, le 16 avril 1827.

« MONSIEUR LE MAIRE,

« J'ai l'honneur de vous informer que le gouverne
« ment ayant bien voulu confier aux Sœurs de la Con
« grégation de Saint-Joseph de Cluny le soin des ma-

« lades et de l'éducation des enfants de leur sexe, dans
« les colonies, j'ai jugé qu'il importerait beaucoup à
« cette Congrégation dont je suis la Supérieure géné-
« rale, d'avoir dans différents ports du Royaume des
« maisons où nous trouverions un asile à notre départ
« comme à notre retour de ces régions lointaines. C'est
« le seul but que je m'étais d'abord proposé dans l'ac-
« quisition que j'ai été autorisée à faire dans Recou-
« vrance. N'ayant pas tardé à reconnaître que cette
« partie de la ville était dépourvue d'institutrices, je
« me suis rendue aux vœux des parents en me char-
« geant de l'éducation de leurs enfants. Monseigneur
« l'évêque de Quimper, en nous autorisant à ouvrir
« des écoles, nous a en même temps manifesté le plus
« vif désir de nous voir chargées des écoles gratuites
« des enfants pauvres.

« Je suis disposée, Monsieur le Maire, à entrepren-
« dre toutes les bonnes œuvres dont nous serons jugées
« capables. Pour que nous puissions nous y livrer avec
« confiance, il y aurait des formalités à remplir. Je
« viens donc vous prier, Monsieur le Maire, d'approu-
« ver et de faire approuver par Messieurs les membres
« du Conseil municipal, dans sa prochaine séance, l'é-
« tablissement que nous avons formé dans cette ville,
« afin qu'étant une fois légalement reconnu, il puisse
« par la suite recevoir sans difficultés tout le dévelop-
« pement que pourraient exiger les circonstances et
« qu'il plairait aux autorités ecclésiastiques et civiles
« de lui donner.

« Cette première formalité, voulue par les lois sur
« les Congrégations religieuses, a déjà été remplie pour
« les autres établissements que nous avons fondés en
« France et dans les colonies françaises avec l'appro-
« bation du Gouvernement. Vous pourrez vous en con-
« vaincre par l'ordonnance royale énoncée à nos sta-
« tuts, dont vous avez dû recevoir un exemplaire.

« Recevez l'assurance de la haute considération avec

« laquelle j'ai l'honneur d'être, Monsieur le Maire, vo-
« tre bien humble servante.

« Sœur Anne-Marie Javouhey,
« Supér. Générale. »

Dans les cahiers de la Mairie de Brest on lit le procès-verbal suivant.

« Séance du 7 mai 1827, présidée par Monsieur Barchou, maire, chevalier des ordres royaux de Saint-Louis et de la Légion d'honneur, et à laquelle assistaient MM. Le Hir, Perrot, Labiche, Bersolle, Bergevin neveu, Riverieulx, Vacher, Le Guern, Hugot, Chollet, Le Goff, ancien directeur des Postes, Perron, Larraut, Mollard, Gillart, président, Rahier, Inisan, Guilhem, Gleize, de la Boixière, Le Goff (Recouvrance), et Miorcec de Kerdanet.

Le Conseil approuve l'établissement des Sœurs de la Providence, sur la demande de Sœur Saint-Ange, bien que cet établissement ait précédé la demande.

Le Conseil s'occupe ensuite de l'établissement des Sœurs de Saint-Joseph de Cluny.

Le Maire communique au Conseil et dépose sur le bureau :

1°) Une lettre de Madame Javouhey, supérieure générale de la Congrégation des Sœurs de Saint-Joseph de Cluny, en date du 15 avril dernier, tendant à obtenir l'assentiment du Conseil municipal, conformément à la loi du 24 mai 1825, pour établir à Brest, côté de Recouvrance, une maison dépendante de la dite Congrégation.

2°) Les statuts de la dite Congrégation à la suite desquels est l'ordonnance royale d'approbation du 3 janvier dernier, n° 4722. Cette Congrégation a pour but de se consacrer soit en France, soit dans les Colonies françaises, au soulagement des pauvres malades dans les hôpitaux, à l'éducation des enfants de leur sexe et à tenir aussi des écoles gratuites.

3°) Le consentement approbatif de Monseigneur l'Evêque renouvelé par une lettre du 4 de ce mois.

Le Conseil, délibérant sur cette demande, ne s'arrêtera pas à faire remarquer que l'établissement l'a précédée, mais considérant que le côté Recouvrance comporte une population d'ouvriers à petite solde, que cette population produit beaucoup d'indigents hors d'état de procurer l'éducation morale et religieuse à leurs enfants; que, relativement aux enfants du sexe, il n'y a pas ou peu de ressources sous ce rapport. Enfin la maison proposée, établie dans un port, facilitera l'expédition comme le retour des Sœurs pour les Colonies françaises, et que la ville peut en recueillir grand avantage.

Vu l'assentiment de Monseigneur l'Evêque et les Statuts de la Congrégation approuvés par l'ordonnance royale sus-dite.

Est d'avis d'admettre et admet l'établissement d'une maison à Brest, côté de Recouvrance, sous le titre de Congrégation des Sœurs de Saint-Joseph de Cluny, vouées au soulagement des pauvres malades, à l'éducation des enfants de leur sexe et à des écoles gratuites, se réservant le Conseil de déterminer quels secours il pourra consacrer aux services particuliers qu'il réclamera de la dite Congrégation.

Expédition de la présente décision sera adressée à Madame la Supérieure de la dite Congrégation. »

Le 15 mai 1827, le Conseil décide de comprendre dans son budget la maison des Sœurs pour une somme annuelle de 1.000 francs, mais sans autres frais d'établissement de classes. Le Maire l'annonce à Mère Théodosie en ajoutant: « Avec cette somme et la prospérité de la Congrégation nous osons compter que vous pourrez régler 3 classes assez étendues pour satisfaire aux besoins de la population pauvre (souligné) de Recouvrance. Le budget de l'année courante ayant été réglé par ordonnance royale dès l'année dernière, il n'y a possibilité d'effectuer la dotation de 1.000 francs que sur le budget de l'exercice prochain et ceux suivant. Mais le Conseil n'a pas douté un instant que cette considération dût arrêter le zèle que vous voulez bien témoigner pour la classe pauvre qui est votre domaine et le but de votre Institution. »

La Mère Théodosie remercie le Maire de tout cela, une seule chose l'ennuie:

« Notre Mère générale sera surprise d'apprendre par voie officielle qu'on lui suppose à Brest les plus grandes ressources... »

Et, en effet, voici que de nouvelles acquisitions nécessitées par l'établissement de classes payées, forcent la Vénérable Mère à s'endetter de 30 autres mille francs. Elle écrit, en effet, de Brest à sa sœur à Bourbon, le 15 avril 1827.

« Ecoutez, je ne puis vous envoyer que peu de chose
« cette année, parce que nous arrangeons les quatre
« principales maisons de la Congrégation qui sont de
« toute nécessité: celle de Brest, destinée à être comme
« notre entrepôt colonial, puis pour perfectionner l'ins-
« truction de nos Sœurs; nous mettons donc tout ce qui
« sera nécessaire, à cet effet, dans cette maison. Elle
« nous coûtera 50.000 francs quand elle sera finie, mais
« je ne les regrette pas à cause des services importants
« qu'elle nous rendra... »

Le 16 avril, la Vénérable Mère s'embarque à Brest et accompagne jusqu'à Nantes des Sœurs qui doivent prendre un bateau dans ce port pour les Colonies, puis gagne Paris.

Pendant ce temps, dès la rentrée de Pâques, les fameuses classes payées s'ouvraient dans la rue Vauban; une jeune Sœur, la Sœur Léontine Fontaine, qui en 1826 avait fait profession à Bailleul, était chargée d'une de ces classes, cependant que les 3 classes gratuites demandées par la Municipalité étaient ouvertes également. Plus de cinq cents enfants recevaient ainsi l'instruction chrétienne et l'école désormais verra chaque année croître le nombre de ses élèves.

CHAPITRE VII

Histoire de la Communauté de Brest
jusqu'à la mort de la Vénérable Mère en 1851

Le gouvernement de la Restauration se préoccupait de réparer la perte de nos anciennes colonies d'Amérique par la fondation de colonies nouvelles. Or, la Guyane avait été rendue à la France par le traité de paix de 1814, et le gouvernement en avait pris possession en novembre 1817. Son dessein était de mettre en en valeur cette riche colonie par des plantations de canne à sucre et de caféier, et de l'exploiter au moyen de cultivateurs et d'ouvriers recrutés en France. On avait introduit de ces travailleurs dans la partie comprise entre les deux rivières de la Mana et du Maroni. Madame Javouhey avait, en 1823, accordé deux Sœurs pour l'hôpital de la colonie. L'insalubrité du lieu autant que la médiocrité des résultats obtenus, firent abandonner le projet, et les travailleurs retournèrent en France. Le ministre, M. de Chabrol, se tourna alors vers Mme Javouhey et lui proposa un second essai de colonisation. La Vénérable Mère accepta et, comme l'œuvre était difficile, résolut d'aller elle-même présider à l'installation des Sœurs et des nouveaux colons qu'elle recruterait.

De Paris, elle écrit le 28 mai 1828 à sa sœur, à Bourbon:

« Notre opération de la Mana marche à grands pas,
« tout est prêt. On nous accorde tout ce que nous avons
« demandé. Deux bâtiments sont à notre disposition,
« ainsi qu'un bateau à vapeur pour rester attachés au
« service de Mana. Nous partons dans la première
« quinzaine de juin: 40 religieuses, dont 32 Sœurs con-
« verses et 8 Sœurs de voile, avec 30 domestiques en-
« gagés et 12 ouvriers... là-bas 50 noirs acclimatés au
« pays sont mis par le gouvernement à notre disposi-
« tion pour les gros travaux... »

Après avoir obtenu l'autorisation de l'évêque d'Autun et remis le soin de l'Institut à son assistante, la Mère Marie-Joseph, supérieure de Bailleul, elle part pour Brest où elle se trouve au moins le 19 juin.

M. Inisan écrivait à son évêque le 25 février 1828.

« Monseigneur,

« Les bonnes Sœurs de Saint-Joseph de Cluny, à qui
« Votre Grandeur a permis d'avoir de petites écoles,
« font déjà beaucoup de bien dans ma paroisse; mais
« leur direction est pour moi un surcroît d'ouvrage
« dont je commence à sentir tout le poids; elles sont
« maintenant au nombre de 18, 5 religieuses, 5 Sœurs
« converses et 8 postulantes. Dans six semaines, la Su-
« périeure générale et son frère doivent arriver ici
« avec une soixantaine de personnes, dont 30 Sœurs
« ou religeuses et 30 jeunes gens de différents métiers.
« Ils s'embarqueront ensuite pour la Guyane pour
« former une colonie à la Mana. Le Gouvernement
« fait les frais. Trois bâtiments sont déjà mis à
« la disposition de la Supérieure générale pour se ren-
« dre à la Guyane avec tout le bagage, les bestiaux et
« les personnes qu'il faut. Elle seule aura le manie-
« ment des fonds et la direction du matériel et du

« personnel de l'établissement. Je ne puis concevoir
« ses vastes projets, encore moins la confiance qu'elle
« a de réussir, mais la conduite des Ministres dans
« cette affaire me paraît encore plus inconcevable; elle
« ne manquera pas de faire du bruit et ce sera tout
« peut-être.

« Les Sœurs de Saint-Joseph ont une chapelle ou
« oratoire. Si nous avions été plus de prêtres, je
« vous aurais demandé, Monseigneur, la permission d'y
« dire la messe parce que je n'ai point d'autre église
« ni chapelle dans ma paroisse, mais je me borne à
« vous demander la permission d'y confesser. Les
« Sœurs sont venues jusqu'à présent se confesser à
« l'église. Mais ne pouvant se présenter au con-
« fessionnal qu'à leur tour, leurs exercices et leurs
« écoles s'en trouvent dérangés. Cela les oblige en ou-
« tre à de fréquentes sorties qu'il serait utile d'empê-
« cher en les confessant dans leur chapelle. Je pourrais
« leur indiquer le jour et l'heure où je pourrai les en-
« tendre, ce qui me gênerait moins, ainsi que mes pa-
« roissiens, qui souvent murmurent en voyant un si
« grand nombre de personnes arriver à mon confes-
« sionnal. Il n'y a au-dessus de la chapelle qu'un gre-
« nier qui est vide, et au dessous une décharge. Si par
« la suite Votre Grandeur était suppliée de permettre
« d'y dire la messe et même d'y conserver le Saint-
« Sacrement, je n'y verrais point d'inconvénient. »
Deux navires de l'Etat, la *Ménagère*, commandant
Daliau, et la *Bretonne*, commandant Galmiche, fai-
saient leurs derniers préparatifs au port de Brest.
L'embarquement se fit le 26 juin. Le matin de ce jour,
après la messe, la Vénérable Mère réunit ses religieuses au réfectoire de la Communauté. Elle leur donna
ses instructions et termina en disant à celles qui
allaient partir: « Mes enfants, je vous mène en
purgatoire, mais rassurez-vous, Dieu, pour qui vous
faites si généreusement votre sacrifice, saura adou-

Parloir du n° 8 de la rue Vauban, où la vénérable Mère bénit celles qui vont partir

cir par sa grâce les nombreuses privations que vous aurez à subir. » A onze heures, le moment du départ sonne. Toutes les religieuses sont réunies dans la petite cour qui, par un long couloir en escalier, donne issue dans la rue. La Vénérable Mère ne veut pas d'effusions en public, elle fait donc entrer les Sœurs dans le couloir: « Embrassez, dit-elle, celles qui restent. » Les larmes coulent, car c'est l'adieu à la patrie. Puis au bout d'un certain temps, quand elle juge que les larmes ont assez coulé, elle entonne le *Salve Regina*. Les fronts se rassérènent, les yeux se sèchent, la joie du sacrifice triomphe de la sensibilité. Le chant terminé, toutes s'agenouillent et, au dessus des têtes prosternées, la Vénérable Mère fait le signe de la croix; la porte s'ouvre ensuite et c'est avec entrain qu'on se dirige vers le quai Jean-Bart. A une des cales, les hommes s'embarquent pour la *Bretonne;* à la cale voisine de la chapelle, les Sœurs montent avec la Vénérable Mère dans la barque qui doit les conduire à bord de la *Ménagère.* Les deux transports sont en rade. Madame Javouhey passe une sorte de revue à leur bord pour constater que rien ne manque, et, revenue à bord de la *Ménagère,* elle monte à la cabine du commandant: « Monsieur, lui dit-elle, tout est prêt. » « Eh bien! ma Sœur, dans deux heures nous partons, répond l'officier. » Bien vite alors la Vénérable Mère jette sur le papier quelques lignes pour son assistante, la Mère Marie-Joseph.

« En rade de Brest, 26 juin 1828.

« Un petit bonjour, ma chère fille; nous sommes à « bord et dans deux heures nous partirons si le vent « est assez fort... Adieu, toutes mes chères filles. Adieu.

« Toute à vous en Notre-Seigneur,
« Sœur Javouhey, supérieure générale. »

C'est le 10 août que la Vénérable Mère débarqua à Cayenne. Son œuvre y prospéra d'abord, mais la Révolution éclatant à Paris en 1830, le nouveau gouvernement de Louis-Philippe se trouva en face de grandes difficultés financières, et s'il confirma Madame Javouhey dans son autorité, il lui refusa toute subvention. Les colons qu'elle avait amenés de France firent défection, et c'est sur ses propres ressources que la Supérieure générale prit pour leur payer le salaire des dernières semaines. Elle dut poursuivre son œuvre avec des noirs seulement. Elle fit faire par eux une clôture de dix mille piquets pour renfermer vingt hectares et commença la fabrication du sucre et du tafia. De sa distillerie sortit dès lors le fameux rhum de Mana, appelé encore à Brest le « rhum Javouhey ». Le bourg de Mana était fondé.

Mais, en France, aux conséquences funestes de toute révolution, s'ajoutèrent bientôt les désastres du choléra qui, en 1832, fit tant de victimes. Comme bien l'on pense, le fléau n'épargna pas les Sœurs de Saint-Joseph de Cluny, surtout celles qui se dévouaient dans les hôpitaux. La présence de la Vénérable Mère au milieu de ses chères filles si éprouvées devenait nécessaire. Le 20 juin 1833, elle s'embarquait sur le transport la *Marne*, et le 15 août elle arrivait à Brest.

La Supérieure de la Communauté de Recouvrance n'était plus Mère Théodosie; en 1830, elle avait été remplacée par Mère Constance Joussier, née à Rully (Saône-et-Loire). Mais la maison avait pris un développement remarquable. Au commencement de 1830, M. Inisan avait reçu la lettre suivante du Secrétaire de l'évêché de Quimper:

« MON CHER CURÉ ET AMI,

« D'après les privilèges particuliers accordés par Sa
« Sainteté à la maison principale des religieuses de
« l'ordre de Saint-Joseph de Cluny, Monseigneur l'évê-
« que me charge de vous mander qu'il vous autorise
« à recevoir les vœux et à donner l'habit aux novices

« ou postulantes actuellement à la maison de Brest,
« ou à celles qui pourront y arriver par la suite.

« Sa Grandeur dispense de l'abstinence toutes celles
« des religieuses de cet Ordre qui passeraient aux Co-
« lonies. Monseigneur autorise à donner ou faire don-
« ner la bénédiction du Saint Sacrement tous les jours
« pendant les retraites qui se donneront dans la cha-
« pelle de ces Dames, avec exposition du Saint Sacre-
« ment les jours de clôture de ces retraites. Sa Gran-
« deur accorde de plus à ces bonnes Dames l'insigne
« faveur d'avoir habituellement le Saint Sacrement
« dans le tabernacle de leur chapelle et vous permet,
« ainsi qu'à vos vicaires ou à tout autre ecclésiastique
« du diocèse, d'y dire la messe sur la semaine, si vous
« n'y voyez pas d'inconvénient pour le bien ou le ser-
« vice de la paroisse.

« Agréez...

MICHEL, *chanoine, secrétaire.* »

Ce fut grande fête à la Communauté de la rue Vauban,
ou plutôt ce fut une fête pour tout le quartier de Recouvrance, que l'arrivée de la Vénérable Mère, le 15 août
1833; les journaux de l'époque disent que ce fut une
réjouissance publique. Les maisons du quai Jean-Bart
étaient toutes pavoisées, les autorités civiles étaient là
réunies avec les Sœurs, les élèves, leurs parents. Quand
l'embarcation qui portait la Vénérable Mère et le Préfet
maritime eut accosté à la cale de Recouvrance, un
groupe de fillettes habillées de blanc et portant chacune
un bouquet de fleurs, s'avance à leur rencontre; l'une
d'elles, Gabrielle Dubois, récite un compliment à la
bonne Mère qui l'embrasse, aux applaudissements de
toute l'assistance; le maire et le curé viennent saluer
à leur tour Madame Javouhey, et c'est au milieu d'un
cortège triomphal qu'elle monte à la Communauté de
la rue Vauban.

Six jours plus tard, Madame Javouhey se trouvait

encore à Brest, car le 21 août elle écrit de cette ville à la Mère Clotilde, à Limoux :

« La maison de Brest me paraît très bien ; c'est un « établissement qui sera d'une grande ressource pour « les colonies. Il y a un ordre parfait ; les Sœurs sont « bien pieuses, les classes très nombreuses pour les « pauvres... » Mais le 29 août, la Supérieure générale était à Alençon.

En juillet 1834, la Vénérable Mère revenait à Brest conduire des Sœurs qu'elle embarquait le 24 de ce mois à bord de la *Dordogne* à destination du Sénégal.

Le gouvernement de Louis-Philippe avait décidé la .bération des noirs de la Guyane pour l'année 1838 ; il fallait préparer ces hommes à l'usage de la liberté. Sur le rapport de Lamartine à la Chambre des Députés le 21 juin 1835, l'œuvre de l'émancipation devait être confiée à Madame Javouhey. « Les essais dirigés par Madame Javouhey, disait l'illustre député, attestent par leur succès l'efficacité du système de cette femme si précieuse et l'empire qu'elle a su prendre, par la seule influence de son caractère et de son esprit de bienveillance, sur les noirs confiés à sa direction. » La Vénérable Mère posa ses conditions qui se résumaient en une sorte de pouvoir suprême, de dictature véritable. Elles furent acceptées et, le 16 décembre 1835, la Supérieure générale partait en poste de Paris pour se rendre à Brest. En passant à Morlaix, une des roues de la voiture se rompit, la diligence chavira. La Vénérable Mère fut sérieusement blessée au côté. Transportée à l'hôpital de la ville, elle fut si bien soignée par la Mère Pouhoër, supérieure des Dames de Saint-Thomas de Villeneuve, qu'au bout de trois jours elle put repartir et arriver à Brest la veille de Noël. Le 26 décembre, avec huit de ses Sœurs, elle embarquait à bord de la *Recherche* et quittait la France pour la troisième fois. Le commandant du bateau était l'officier de valeur qui devint ensuite l'amiral Tréhouart ;

il resta frappé de l'énergie de la bonne religieuse, du courage qu'elle manifesta au milieu des périls qui accompagnaient alors ces longues traversées; un jour qu'on parlait devant lui de Madame Javouhey, il s'écria: « Quelle femme! c'est un vieux matelot! » La *Recherche* mouillait dans les eaux de Cayenne le 18 février 1836.

C'est dans la période qui va de 1836 à 1843, que la Vénérable Mère Javouhey accomplit à la Mana l'œuvre qui l'a rendue si justement célèbre. Du gouverneur de la colonie, elle recevait les nègres les plus redoutés, vrais parias de la société, elles les établissait, leur apprenait à travailler, à connaître la religion chrétienne. Bientôt, dans ces lieux naguère si déserts, où l'on n'entendait que le cri des bêtes fauves qui peuplent la forêt vierge, on vit se former une société chrétienne, comme une Eglise primitive, avec toutes ses pratiques religieuses et son esprit franchement surnaturel. On préparait les terres qui seraient distribuées à l'époque de la libération, on construisait des habitations pour les familles et pour les individus destinés à jouir bientôt de la liberté. La colonie n'avait d'autre chef que la Vénérable Mère, aux mains de laquelle tous les pouvoirs civils et militaires avaient été confiés. Certes, dans ce peuple à peine sorti de la barbarie, des troubles s'élevèrent parfois. Un jour une rixe grave éclata entre les noirs, la Vénérable Mère se présenta aux combattants le crucifix à la main, elle parla aux plus forcenés et tout rentra dans l'ordre comme par enchantement. Les rapports des Gouverneurs au sujet de Madame Javouhey sont enthousiastes; le fils du roi, le prince de Joinville, vint visiter la Mana et ne fut pas des moins élogieux. Le 3 août 1838, le Gouverneur vint remettre aux noirs un diplôme consacrant la liberté définitive; spontanément chacun s'en vint le remettre aux mains de la Chère Mère; témoignage naïf de leur reconnaissance.

Chapelle actuelle de la Communauté, bénite en 1842

Pour parachever l'œuvre, Madame Javouhey demeura encore cinq ans à la Mana.

Pendant cette absence de la Supérieure générale, la Communauté de Recouvrance continuait à se développer. On y construisait une chapelle. Le 25 février 1842, M. Inisan écrit à l'évêque, Mgr Graveran:

« MONSEIGNEUR,

« Les Sœurs de Saint-Joseph de Cluny m'ayant dit
« que leur nouvelle chapelle serait finie dans le cou-
« rant du mois prochain, je viens prier Votre Gran-
« deur de me permettre de la bénir ou de la faire bénir
« sous l'invocation de saint Joseph, patron de leur
« Ordre. Elles ont entendu dire que le prédicateur de
« Saint-Louis a le pouvoir d'établir le Chemin de la
« Croix, et comme celui que M. Bénard avait érigé
« dans leur ancienne chapelle ne peut plus servir, elles
« demandent, Monseigneur, votre autorisation pour le
« rétablir dans leur nouvelle chapelle.

« Elles désireraient aussi que Votre Grandeur vou-
« lût bien ajouter à la faveur que leur avait accordée
« son prédécesseur (d'avoir la bénédiction du Saint
« Sacrement tous les premiers vendredis de chaque
« mois), la permission de l'avoir encore aux quatre
« principales fêtes de leur Ordre, à savoir les fêtes du
« Sacré-Cœur, de saint Joseph, de sainte Thérèse et le
« jour de la Présentation avec l'exposition du Saint
« Sacrement... »

La nouvelle chapelle fut bénite le 14 mars 1842, par M. Pierre-Marc Le Breton, chanoine titulaire du diocèse de Saint-Brieuc, en présence de M. Inisan, curé, et de MM. Frollo, Balcon, Cardinal et Siou, vicaires. Le procès-verbal de la cérémonie porte les signatures de ces ecclésiastiques et celles de la Mère Constance, supérieure, et des Sœurs Bruno, Jérôme, Joséphine, Noémi et Anna. Le même jour fut bénite la cloche, qui reçut le nom de Marie-Josèphe; le parrain en était

M. Joseph-Marc-Marie de Kersauzon de Pennendreff, avocat, et la marraine, Madame Marie-Françoise-Adèle Maugé, veuve Hardy.

La Vénérable Mère fondatrice revint en France en 1843 et débarqua le 4 août, à Bordeaux. Le 11 octobre de la même année, elle était à Brest, comme Hippolyte Violeau le raconte dans ses mémoires:

« Le 13 octobre 1843, la fondatrice et supérieure gé-
« nérale des Sœurs de Saint-Joseph de Cluny, arrivée
« à Brest depuis quelques jours, me fit prier d'aller la
« voir à Recouvrance, où elle était descendue. Elle
« serra mes mains dans les siennes avec effusion et
« me répéta ce que ses neveux m'avaient écrit sur le
« succès de mes *Loisirs* à Mana et à Cayenne. Nous
« causâmes longuement, la vieille religieuse et moi, et
« les regrets de la mort de Pierre, la situation isolée
« d'Auguste à la suite de scènes de jalousie entre les
« colons maintenant divisés, nous amenèrent à nous
« parler avec la plus grande confiance, heureux, l'un
« et l'autre, de nous trouver d'accord sur toutes les
« questions. Avant de nous dire adieu pour ne plus
« nous revoir, Madame Javouhey m'offrit un livre de
« M. Lorain sur l'histoire de l'abbaye de Cluny. Ce li-
« vre où j'ai mentionné, en rentrant chez moi, la date
« d'une entrevue si intéressante, a pris une des pre-
« mières places, sur les rayons de ma bibliothèque,
« parmi les ouvrages qui m'ont été donnés par des
« amis. Je regrette, aujourd'hui, de n'avoir pas de-
« mandé à Madame Javouhey, avant de la quitter,
« d'écrire elle-même quelques lignes sur le livre. »

C'est à cette visite de 1843 que se rattache l'acquisition d'une seconde maison dans la banlieue de Brest, à Saint-Marc. Ce fut la conclusion de toute une aventure. L'abbé Mussy, aumônier du bagne de Brest, se piquait de pédagogie. Il avait écrit des ouvrages qu'il essayait de mettre en usage dans les maisons d'éducation, entr'autres une *Histoire sainte*, une *Histoire de France* et une *Grammaire française*. Dans ce dernier manuel il avait inauguré une nouvelle méthode d'analyse, ingénieuse peut-être, mais non classique. C'est en vain qu'il avait proposé ses livres aux Sœurs de la Providence de la rue d'Aiguillon. Rebuté de ce côté, il s'était adressé aux Sœurs de l'école de la rue Vauban, et la Vénérable Mère s'était laissée séduire. Non contente de les conseiller aux Sœurs de Recouvrance, Madame Javouhey en reccommanda l'usage à d'autres maisons. Elle écrivit à la Supérieure de la Martinique:

« Je désire vivement que nous puissions nous servir
« des livres de M. Mussy; ce serait un grand avantage
« d'avoir ses livres pour toute la Congrégation. Il est
« l'auteur d'une Histoire sainte et d'une Histoire de
« France bien appréciées. Vous verrez le premier
« exemplaire; je l'ai prié de vous écrire lui-même. »

Après avoir réussi à écouler ses livres, l'abbé **Mussy** voulut autre chose. Depuis longtemps l'aumônier du bagne avait rêvé de fonder à Brest un établissement d'enseignement supérieur pour les filles. Quand la Vénérable Mère revint à Brest, en décembre 1844, l'abbé Mussy lui parla, comme d'une chose dont il l'aurait déjà entretenue, du projet d'institution pour demoiselles: justement, dit-il, l'établissement secondaire de M. Roudaut vient de se fermer, la maison est vaste; pour 60.000 francs, il en est sûr, on pourrait l'acquérir, et il offre lui-même une somme de 20.000 francs.

Mais cette maison était sur la paroisse Saint-Louis. Madame Javouhey fit, à ce propos, une démarche auprès du curé, qui était alors M. Mercier, successeur de M. Graveran: à cause de sa haute taille, on l'appelait « le grand curé ». Que se passa-t-il entre les deux? Nous devinons seulement que le prêtre fut gagné aux vues de Madame Javouhey, car quelques jours plus tard, celle-ci déclarait à l'évêque que le curé était favorable à son projet, et à l'évêque qui s'en informait auprès de lui, M. Mercier écrivait.

« Oui, j'ai vu Madame Javouhey, elle m'en a vérita-
« blement imposé; mais je n'ai pas compris qu'elle me
« parlât d'école supérieure, j'ai compris qu'elle parlait
« d'établir un noviciat. Monseigneur, comment vou-
« lez-vous trouver à Brest des élèves dont la pension
« coûterait plus de mille francs par an? Cependant si
« on descend plus bas comme prix, on ruine le Cal-
« vaire et la Providence. M. Mussy aurait assez à faire
« avec ses forçats, pourquoi vient-il jeter le trouble?... »

D'ailleurs, avant de prendre une décision, l'évêque de Quimper entreprend une enquête près des autres évêques qui ont dans leurs diocèses des Sœurs de Saint-Joseph de Cluny, et si l'enquête ne révèle pas, chez ces Religieuses, d'aptitudes spéciales pour l'instruction supérieure, elle montre l'estime de l'épiscopat pour cette Congrégation. Deux évêchés seulement, ceux de Paris et d'Autun, en délicatesse avec l'Institut, renvoient au droit canonique, c'est-à-dire que dans chaque diocèse les religieuses doivent se soumettre à l'autorité épisco-pale; les autres donnent des éloges.

Evêque de Séez: « Elles ont l'œuvre des aliénés et des
« prisonniers à Alençon; je suis on ne peut plus satis-
« fait de leur régularité et de leur soumission aux
« Supérieurs ecclésiastiques: depuis sept ans qu'elles
« sont dans mon diocèse, je n'ai reçu à leur sujet que
« les renseignements les plus favorables... »

Evêque de Meaux: « Je n'ai qu'un établissement à
« Fontainebleau, il jouit de l'estime générale et s'est
« conduit parfaitement vis-à-vis de mon prédécesseur
« dans des circonstances cependant fort difficiles... »

Evêque de Rodez: « Elles sont très bien pour l'édu-
« cation des enfants du peuple, mais je n'ai pas con-
« naissance de leur capacité pour l'éducation supé-
« rieure. »

Evêque de Beauvais: « J'ai trois pensionnats: celui
« de Senlis, très bon; celui de Compiègne, assez bon;
« celui de Breteuil, d'un excellent esprit, mais peu
« considérable à cause de la concurrence... »

Evêque d'Amiens: « Je n'ai rien à dire contre ces
« Sœurs; d'ailleurs elles n'ont dans mon diocèse qu'une
« école de village. »

Archevêque de Rouen: « Rouen a une maison qui
« me donne pleine satisfaction par la régularité et la
« soumission des religieuses; les écoles sont bien te-
« nues, les études convenables: mais ce n'est pas pour
« les filles d'une condition élevée. J'ai encore une au-
« tre maison à Darnetal, près de Rouen, qui inspire
« également beaucoup de confiance. »

Mgr Graveran écrit à la Supérieure générale pour
lui demander de différer cette fondation nouvelle. Mais
au moment où cette lettre lui parvenait, Madame Javouhey avait renoncé à la fameuse institution; elle venait de remarquer que M. Mussy l'avait induite en er-
reur. Ce dernier avait parlé du prix de 60.000 francs
pour la maison Roudaut. « Jamais, écrivait le pro-
priétaire à la Vénérable Mère, jamais je n'ai dit à personne que je céderais ma maison à cette somme; mon
prix a toujours été 80.000 francs. » Madame Javouhey
en revint plutôt à l'idée qu'elle avait exprimée à M. Mercier, à savoir la création d'une maison spéciale qui pût
servir de noviciat, et pour cela fit l'acquisiton à Saint-
Marc d'une propriété, où elle fit construire une chapelle, et installa dans la nouvelle maison trois Sœurs
et une Supérieure.

Pendant l'année 1845, la Vénérable Mère ne vint pas
à Brest; c'était l'année de la terrible épreuve d'Autun.
Les règles canoniques relatives aux Congrégations à
vœux simples laissaient alors place à bien des conflits.
« L'évêque qui avait la Maison-Mère de l'Institut dans
son diocèse, dit Mgr Battandder, s'en considérait com-

Maison de Saint-Marc (la chapelle)

me le Supérieur. » Mgr Héricourt, évêque d'Autun, prétendit exercer la direction suprême de la Congrégation de Saint-Joseph de Cluny et en modifier les Statuts. La Vénérable Mère s'y opposa toujours. Ce fut un douloureux conflit qui dura de 1835 à 1846. En 1845 il était à l'état aigu: l'évêque d'Autun avait jeté l'interdit sur la chapelle de Cluny. La paix, cependant, était toute proche: un accord s'établit entre l'évêque et la Vénérable Mère; et la chapelle de Cluny fut rouverte le 10 janvier 1846. Ce n'est qu'en novembre 1846, que Madame Javouhey revint à la Communauté de Recouvrance accompagner des Sœurs partant pour les îles Marquises. Pendant son séjour à Brest, elle reçut une lettre de Mgr Graveran lui demandant des explications sur la fameuse affaire d'Autun, et elle répondit par une lettre magnifique dont nous extrayons ce passage:

« Les faveurs et les grâces que Votre Grandeur ac-
« corde à nos maisons dans le diocèse de Quimper,
« sont journellement présentes à Dieu dans nos priè-
« res, avec toute la ferveur et la reconnaissance dont
« nous sommes capables. Plus la tribulation nous
« éprouve ailleurs, plus nous nous sentons empres-
« sées de répondre par la fidélité à Dieu et à nos sain-
« tes règles, aux bontés que vous daignez avoir pour
« de pauvres religieuses dont vous appréciez le dé-
« vouement. »

Et après avoir expliqué la situation, la Vénérable Mère écrit en terminant sa lettre:

« Je vous ai ouvert mon cœur bien affligé, Monsei-
« gneur, parce que vous avez toujours usé envers nous
« d'une grande bonté. Veuillez me continuer cette fa-
« veur et la même confiance, surtout vos bons conseils
« que je sollicite avec toute l'ardeur possible.

« Daignez agréer l'hommage du profond respect
« avec lequel je me jette à vos pieds pour recevoir vo-
« tre sainte bénédiction.

« Sœur JAVOUHEY, supérieure générale. »

Le bon évêque de Quimper réconforta la Vénérable Mère et, le 28 septembre 1847, il lui accordait un avis favorable pour la reconnaissance légale des deux maisons de Brest.

« Nous, évêque de Quimper,

« Vu la demande à nous adressée par Madame Ja-
« vouhey, supérieure générale de la Congrégation de
« Saint-Joseph de Cluny, à l'effet d'obtenir notre
« agrément pour la reconnaissance légale des deux
« établissements de son ordre formés dans notre dio-
« cèse : 1°) sur la paroisse Saint-Sauveur de Brest;
« 2°) sur la paroisse Saint-Marc, canton de Lambé-
« zellec.

« Considérant les grands avantages procurés par
« ces deux établissements dont le premier, antérieur
« à notre épiscopat, soit comme lieu de séjour et mai-
« son de repos pour les religieuses qui se rendent aux
« colonies ou qui en reviennent, soit pour l'instruction
« et l'éducation des jeunes personnes et spécialement
« pour ce qui regarde l'établissement de Saint-Marc,
« comme maison de retraite pour les femmes ou veu-
« ves de marins et officiers de marine,

« Sommes d'avis

« Qu'il y a lieu d'accorder aux établissements cités
« l'autorisation et l'existence légale, réclamées par Ma-
« dame Javouhey, supérieure générale de la Congré-
« gation de Saint-Joseph de Cluny.

« Fait à Quimper, le 28 septembre 1847.

† JOSEPH, *évêque de Quimper.* »

Le 3 octobre de cette même année, M. Inisan mourait et était remplacé par M. Cuzon, aumônier du Collège de Brest. La Vénérable Mère ne put venir à Brest en 1848; la Révolution, éclatant à Paris, la retint en cette ville. Elle revint le 23 octobre 1849, puis le 23 mai 1850, pour la dernière fois. Un petit nuage s'était élevé entre les deux maisons de Brest, par la

maladresse inconsciente du recteur de Saint-Marc,
M. Cocaign; les deux Supérieures furent changées, le
même confesseur extraordinaire donné aux deux maisons, et l'entente fut rétablie.

Tôt après, la santé de la Vénérable Mère commença
peu à peu à s'altérer, sans inspirer encore à son entou-
rage de graves inquiétudes. Quant à elle, on eût dit,
raconte un de ses biographes, qu'elle pressentait sa fin
prochaine. « Ma tâche est terminée », disait-elle souvent. A la fin de mai 1851, à la suite d'un rhume, son
état s'aggrava. Elle dut garder le lit vers le milieu de
juin. Dès lors sa prière fut pour ainsi dire continuelle;
elle aimait à méditer sur les bontés de Dieu à son égard
pour s'exciter à des sentiments d'amour et de reconnaissance envers lui ; et entièrement résignée à « la
sainte volonté de Dieu » qui lui fut toujours si chère,
elle partit pour le ciel le 16 juillet 1851.

CHAPITRE VIII

La Communauté de Recouvrance de 1851 à 1926

La Mère Constance Joussier gouverna la Communauté de Recouvrance de 1830 à 1849. Elle fut remplacée par Mère Edmond Grandjean. Mais cette troisième supérieure exerça cette charge à peine un an : elle mourut d'une fluxion de poitrine le 2 juillet 1850.

Le 22 juillet, la Vénérable fondatrice nomma comme supérieure la Mère Marie-Antoinette Bourdon, qui gouverna trente ans la Communauté.

Elle fonda la salle d'asile de Recouvrance en 1860, l'acte suivant nous en fournit la preuve :

« Entre les soussignés

« M. Bizet, officier de la Légion d'honneur, maire
« de la ville de Brest, agissant en cette qualité et en
« conformité de la délibération prise par le Conseil
« municipal en sa séance du 3 novembre 1860, et ap-
« prouvée en préfecture le 30 du même mois, d'une
« part,

« Et Madame Rosalie Javouhey, supérieure générale
« de la Congrégation des Sœurs de Saint-Joseph de
« Cluny, demeurant à Paris, rue faubourg St-Jacques,
« n° 57, d'autre part,

« Il a été convenu et arrêté ce qui suit:

« Madame la Supérieure générale, duement autori-
« sée, s'engage par ces présentes à faire construire
« dans la propriété appartenant à la Congrégation et
« située en cette ville, côté de Recouvrance, rue Vau-
« ban, n° 10, une salle d'asile, un préau contigu et des
« lieux d'aisance à la suite, tel que le tout est indiqué
« aux plans et devis qui demeurent annexés au pré-
« sent traité.

« Cette construction, entièrement aux frais de la
« Congrégation, devra être terminée le 1er octobre 1861
« au plus tard. A partir de cette époque, la dite salle
« d'asile sera mise à la disposition de l'autorité muni-
« cipale et aucun enfant ne pourra y être admis sans
« un billet signé du Maire ou d'un adjoint délégué.

« L'asile sera dirigé par les Sœurs de la Congréga-
« tion de Saint-Joseph, mais le Maire aura toujours le
« droit d'exiger le remplacement de celles de ces Sœurs
« qui ne lui paraîtront point remplir d'une manière
« satisfaisante les fonctions de Directrice ou sous-di-
« rectrice de l'asile.

« En échange des engagements ci-dessus contractés,
« le Maire de Brest oblige la Ville à payer chaque an-
« née aux mains de la Supérieure de la maison de
« Recouvrance

« 1°) Une somme représentant l'intérêt calculé à
« 5 pour cent de tout ce qui sera dépensé par la Con-
« grégation pour la construction de la dite salle d'asile
« et dépendances: cette dépense, dont il devra être
« justifié, ne devant d'ailleurs dépasser en aucun cas
« la somme de dix mille francs, à laquelle elle est éva-
« luée par le devis ci-joint. Si cette évaluation était
« dépassée, la Ville n'aurait point à payer d'intérêts
« pour l'excédent qui serait dépensé.

« 2°) Une somme de 200 francs par an pour couvrir
« la Congrégation des impositions et autres charges,

« telles que chauffage, éclairage, assurances, entretien
« de l'immeuble et de son matériel.

« 3°) Une somme annuelle de 1.200 francs pour trai-
« tement des Religieuses et des Sœurs converses qui
« seront affectées à la Direction de l'établissement et
« aux soins des enfants.

« Deux religieuses et une Sœur converse seront cons-
« tamment et spécialement consacrées au service de l'é-
« tablissement.

« Ces conventions seront obligatoires pour les par-
« ties contractantes pendant une période de 10 années
« qui prendront cours le jour de l'ouverture de l'asile. »

Dix ans plus tard, ce traité fut renouvelé par M. Ker-
ros, maire de Brest, et Madame Reine Bajard, en religion Sœur Marie de Jésus, supérieure générale.

Dans ce second traité, le maire obligeait la Ville à
payer chaque année aux mains de la Supérieure de la
maison de Recouvrance:

1°) Une somme de 675 francs, intérêts à 5 pour cent
de ce qui a été dépensé par la Congrégation pour la
construction de la salle d'asile.

2°) Une somme de 200 francs par an, pour couvrir
la Congrégation des impositions, de l'assurance et de
l'entretien de l'immeuble.

3°) Le chauffage, l'éclairage et l'entretien du matériel ou du mobilier de la salle d'asile seront à la charge
de la Ville jusqu'à concurrence de 300 francs, payables
sur mémoires.

4°) Une somme annuelle de 1.500 francs pour le trai-
tement des deux religieuses et de la Sœur converse,
affectées à la direction de l'établissement et au soin
des enfants.

Mère Marie-Antoinette fonda encore le 8 décembre
1871, avec l'agrément et le concours de M. Quéinnec,
curé de Saint-Sauveur, la Congrégation des Enfants de

Marie, non seulement pour ses élèves ou anciennes élèves, mais pour toutes les jeunes filles de la paroisse.

Enfin, cette bonne Supérieure s'est distinguée par le grand respect qu'elle a professé pour la Règle, qui était pour elle « l'Evangile de la vie religieuse ». Vivre de la Règle et non de sentiment ou de routine, telle fut sa maxime. « Le livre des Règles, disait-elle à ses Sœurs, est le code qui doit régler votre vie et assurer votre éternité. » Et souvent elle aimait à dire ces paroles de saint François d'Assise: « A la lettre! à la lettre! observez la Règle à la lettre! car telle est l'expression du bon plaisir de Dieu. » Appliquée à faire observer scrupuleusement la règle par ses Sœurs, elle était la première à leur donner l'exemple; et vraiment, sous sa direction, la Communauté de Recouvrance connut une grande prospérité et les écoles de la rue Vauban regorgeaient d'élèves.

Quand la guerre de 1870 éclata et que des blessés et malades furent évacués sur Brest, elle fut des premières à transformer son établissement en hôpital. Toute une aile fut réservée aux soldats, que les religieuses, aidées par des dames charitables, soignèrent pendant près d'un an; les plus grandes des élèves se réunissaient aux heures de récréation pour « faire de la charpie ».

Le 12 mars 1880, la Mère Cladie succédait à la Mère Marie-Antoinette à la tête de la Communauté de Recouvrance; mais le 8 décembre de la même année elle était brusquement enlevée par la mort. C'est à ce moment que la Mère Saint-Victor fut nommée; elle était la 6e supérieure. Elle gouverna la Communauté de 1880 à 1894. C'est sous son gouvernement que la persécution commença à ébranler la magnifique œuvre édifiée à Recouvrance par la Vénérable Mère Javouhey. En avril 1882, l'école communale dut être laïcisée, elle comptait alors 1.300 élèves. Depuis plus de vingt ans se dévouait là une religieuse dont le souvenir est resté vivant dans la population de Recouvrance: son nom se chante encore sur les remparts, en une ritournelle qui passe d'une génération à l'autre, associé aux petites punitions que la bonne Sœur imaginait pour maintenir tranquille tout son petit peuple de garçonnets et de fillettes. Il s'agit de la Mère Perpétue Grenier, originaire de la Drôme, morte à Brest en 1908. M. Gustave Hervé, rédacteur de la *Victoire*, originaire de Recouvrance, a eu, dit-il, Mère Perpétue pour première maîtresse d'école. Ce que ce nom éveille dans l'âme du vieux journaliste, il le raconte dans une page charmante de la petite brochure intitulée *Propos d'après guerre*, que l'ancien anarchiste, enfin désabusé, écrivit en faveur des Congrégations (p. 72) :

« La maternelle figure de Mère Perpétue, c'est un « des meilleurs souvenirs de ma toute première en- « fance. Je revois cette figure éclatante de santé, de « fraîcheur, et de contentement intérieur, sous le voile « noir des Sœurs de Saint-Joseph de Cluny, et ses yeux « qui riaient toujours, même quand elle prenait sa fi- « gure sévère et sa voix grave pour faire tenir tran- « quilles les morveux de quatre à six ans, à qui elle « apprenait l'alphabet ; ces yeux qui me riaient en- « core, un jour qu'elle m'avait mis le bonnet d'âne, « parce que j'avais donné un coup de griffe à un voi- « sin — ce bonnet d'âne qu'en plusieurs circonstances « de ma vie j'ai peut-être parfois mérité depuis.

« Mère Perpétue, si elle vit encore, doit avoir au- « jourd'hui plus de quatre-vingts ans, elle aussi. Elle « a vu disperser ou exiler la communauté qui avait « été toute sa raison de vivre... »

Non, la Communauté n'a pas cédé sous l'orage. L'école communale fermée, Mère Saint Victor ouvrit une école libre qui recueillit aussitôt 800 élèves. Elle était en pleine prospérité quand Mère du Sacré-Cœur fut nommée Supérieure en 1894. Hélas ! la laïcisation des écoles communales n'était que le nuage avant-coureur de l'orage brutal qui allait essayer de ruiner complètement l'œuvre de la Mère Javouhey. Au nom de la liberté, on permettait à des femmes sans mœurs de s'unir pour exploiter la débauche, mais on défendait à des femmes chrétiennes de s'assembler pour enseigner l'alphabet à des enfants. La loi contre les Congrégations, portée par des gens qui craignent d'offenser l'opinion d'un libre penseur et se moquent de l'opinion de mille catholiques, cette loi, honte éternelle de la troisième République, fermait à son tour l'école libre. Mais ces tyrans qui refusent les bonnes Sœurs au peuple, sont heureux d'en trouver à leur chevet, comme au chevet de leurs proches, dans les hôpitaux ou dans les cliniques particulières; et ce ne fut pas par amour de la justice et de la liberté, mais bien plutôt par égoïsme, en même temps que par crainte de l'opinion, qu'ils reculèrent devant la dissolution des Congrégations hospitalières. Aussi, pour sauver la vie de la Communauté, la Mère Sainte-Euthalie dut transformer son établissement et lui donner un but hospitalier. Ce but se rattachait encore à l'œuvre de la Vénérable Mère Javouhey, puisque celle-ci avait primitivement destiné l'établissement de Saint-Marc à « servir de retraite et d'asile aux femmes d'officiers et de marins ». La Mère Sainte-Euthalie ne s'écartait donc pas de l'esprit de la Vénérable fondatrice en transformant les classes en chambres pour abriter de vieilles et vénérables dames ou demoiselles; de plus on gardait la place pour le jour où la liberté viendrait à fleurir de nouveau.

En juillet 1914, Mère Sainte-Euthalie proposa les services de ses Sœurs en faveur des blessés évacués dans les hôpitaux de Brest; ils furent acceptés; jusqu'à l'arrivée des Américains, les Sœurs de Recouvrance soignèrent nos soldats à l'hôpital installé dans l'ancien couvent des Carmélites de Brest.

Comment donc tout ce bien accompli à Brest depuis cent ans par les Sœurs de Saint-Joseph de Cluny ne frappe-t-il pas davantage l'attention des habitants de Recouvrance? Comme le dit M. Gustave Hervé, « si le souvenir de la douceur et de la bonté de Mère Perpétue peut encore, après cinquante ans, éveiller en moi de pareils échos, pourquoi les dix-neuf siècles de catholicisme que ce pays a dans le sang et dans les moëlles, et le souvenir des générations de prêtres et de religieux qui pendant dix-neuf siècles se sont dévoués à l'éducation de notre race, ne feraient-ils pas vibrer quelques échos au fond du cœur de ce peuple? »

C'est que ces religieuses font le bien sans tapage, qu'elles accomplissent silencieusement leur tache. Mais si elles ne parlent pas, si elles ne vantent point leur œuvre, pourquoi nous autres n'en parlerions-nous pas, pour l'édification de tous, afin d'appeler un peu de justice en faveur de ces vraies amies du peuple?

Depuis le 22 septembre 1925, Mère Geneviève-Marie a succédé à Mère Saint-Euthalie à la tête de la Communauté de Recouvrance. Elle ne pouvait pas ne pas célébrer le centenaire de l'établissement de sa Communauté. Nous lui avons demandé de nous laisser publier l'histoire de sa Maison. En 1924, à l'œuvre « du Souvenir » fondée à Brest par M. le chanoine Cardaliaguet, aumônier des Dames de la Retraite, M. Georges Goyau, faisait une conférence sur « la femme missionnaire ». L'éminent académicien magnifia l'œuvre de la Vénérable Mère Javouhey et fit ressortir tout le bien que l'Eglise et la France ont reçu de cette œuvre. L'Evêque de Quimper, Mgr Duparc, qui présidait, fit remarquer que cette œuvre eut précisément comme foyer de rayonnement la ville de Brest.

Nous ajoutons notre faible voix à celles de ces deux autorités et nous adressons à saint Joseph, patron de la Congrégation, la naïve prière que nous avons trouvée dans un exemplaire des Statuts, imprimé en 1827 par les soins de la Vénérable Mère fondatrice, et conservé dans les archives de l'évêché de Quimper:

Très digne époux de la mère d'un Dieu,
Chaste Joseph, son ange tutélaire,
Protégez-nous en temps en tout lieu,
Priez pour nous et le Fils et la Mère.

CHAPITRE IX

La fête du centenaire. — 1ᵉʳ juillet 1926

Le jeudi 1ᵉʳ juillet 1926, la paroisse Saint-Sauveur de Recouvrance était en fête. On y célébrait le centenaire de l'établissement par la Vénérable Mère Javouhey, de la Communauté de la rue Vauban. La Très Révérende Mère générale, Marie Sainte Othilde, était venue elle-même célébrer cette fête au milieu de ses Sœurs, et payer son tribut d'hommage et de reconnaissance à la Vénérable Mère. Sa maison de Recouvrance lui est, d'ailleurs, chère entre toutes. Née à Plouzané, dans la banlieue de Brest, tout ce qui intéresse le Léon, sa petite patrie, la touche vivement. Mais des liens plus étroits l'attachent à la maison de la rue Vauban: c'est là qu'elle entendit un jour l'appel divin, et l'on devine quelles douces émotions elle y revit, quel monde de souvenirs elle y retrouve. Et quelle joie aussi pour elle de revoir la Révérende Mère Supérieure! Elle avait accueilli autrefois au pensionnat de Gourin une petite Alsacienne, transplantée en Bretagne après la guerre de 1870: c'est la Révérende Mère Geneviève-Marie, qui gouverne aujourd'hui la Communauté de Recouvrance, après avoir remplacé, il y a quelques années, à Nouméa, la Mère Marie Sainte Othilde.

L'Evêque du diocèse, Monseigneur Duparc, avait accepté de présider la fête. Arrivée la veille à Brest, Sa

Grandeur daigna aussitôt rendre visite à la Communauté de la rue Vauban. Avec une simplicité charmante et une bonté toute paternelle il parla aux religieuses de la Vénérable Fondatrice, qui sut allier à une activité prodigieuse le soin de la vie intérieure, utiliser les soucis matériels et les rudes épreuves morales pour son perfectionnement spirituel, et vivre dans un admirable abandon à « la sainte volonté de Dieu ». Les religieuses ont conservé de cet entretien un souvenir ému: « Monseigneur nous a parlé pendant près d'une heure disait l'une d'elles; nous serions restées toute la nuit l'écouter. » « Que je regrette, disait une autre, que la Congrégation toute entière n'ait pas entendu les belles paroles de confiance et d'espérance qu'il nous a dites; qu'il a bien saisi le caractère ardent et énergique de notre Vénérable Mère! »

Le jeudi matin à 10 heures, la solennité religieuse débutait par une grand'messe chantée à l'église paroissiale par le Supérieur de la Communauté, M. le chanoine Quéinnec, depuis nommé par S. S. Pie XI, Doyen du Chapitre de la cathédrale de Quimper. Un oncle du vénéré doyen, M. le chanoine Y.-M. Quéinnec, fut longtemps curé de Saint-Sauveur, au temps où Mère Marie-Antoinette Bourdon était supérieure du couvent. Il y fit tant de bien que ses paroissiens reconnaissants, voulant encore après sa mort avoir ses traits sous les yeux, lui élevèrent une statue qui se trouve à l'église même: si bien que l'oncle et le neveu représentaient à ce moment plus de la moitié de l'histoire de la communauté depuis la fondation (1870-1926). M. Pouliquen, actuellement recteur de Loc-Maria, et ancien vicaire de Saint-Sauveur, faisait l'office de diacre; le sous-diacre était M. l'abbé Le Roux, vicaire à Crozon, dont la famille est alliée à celle de la Très Révérende Mère générale. Monseigneur tenait chapelle, assisté au trône par M. le curé et M. le chanoine Moënner, curé-coadjuteur de Saint-Louis. Dans le chœur se pressait un nombreux clergé, comprenant surtout les ecclésiastiques dont les paroisses ont fourni des religieuses à la Congrégation: MM. les chanoines Le Garrec, de Vannes; Le Marrec, supérieur du Séminaire haïtien; Henry, curé de Saint-Martin; Cardinal, curé de Plougastel; Kerloéguen, curé de Guipavas; Soubigou, curé de Briec; Derrien, curé de Ploudalmézeau; MM. Le Pape, curé des Carmes; Le Vasseur, curé de Lambézellec; Kerbiriou, recteur de Saint-Pierre-Quilbignon; Guillermit, supérieur du collège Saint-Louis; le R. P. Dauger, supérieur du collège N.-D. de Bon-Secours; le P. Brochen; M. le Costaoëc, aumônier à Gourin; Poulhazan, recteur de Plougonvelin; Hily, recteur de Plouzané; Guermeur, recteur de Kerbonne; Bervas, recteur de Lampaul-Plouarzel; Kérouanton, recteur de Milizac; Sparfel, recteur de Saint-Thonan; Ollivier, recteur de Plourin; Madec, chapelain à Kérinou; Fily, aumônier des Petites Sœurs des Pauvres; Jézéquel, recteur de Bohars; Monot, vicaire à Plouzané; Le Séac'h, vicaire à Lambézellec; Madec, vicaire à Kerbonne; Masson, vicaire à Porspoder; Furet, professeur au collège Saint-Yves; Le Gall, aumônier du Likès; Le Daré et Le Bot, prêtres-instituteurs à Recouvrance; les vicaires de la paroisse Saint-Sauveur; Courtet et Saluden, professeurs à N.-D. de Bon-Secours. Une messe en musique, la *Missa brevis* à 2 voix, de L. Boyer, est chantée par une chorale d'anciennes élèves dirigée par M. Balbous, vicaire à Saint-Sauveur, et accompagnée par M. Courtet. Les orgues sont tenues par M. Landouaré.

Après l'évangile, M. Saluden monte en chaire. Le programme de la fête, dit-il, indique, pour ce moment, un panégyrique. Certes, on trouve ample matière à panégyrique dans la vie de la Vénérable Mère Javouhey, et rapidement il esquisse les faits les plus saillants de la vie de celle qui a fondé le premier ordre des Sœurs missionnaires et qui, par son propre exem-

ple, a si bien initié ses filles à leur œuvre d'apostolat.
Mais qu'est-ce qui lui vaut l'honneur de prendre la parole en cette circonstance solennelle ? Sans doute il
compte parmi ses tantes une religieuse de Saint-Joseph
de Cluny, la Mère Théophane; cet honneur, cependant,
il le doit surtout à sa réputation d'amateur d'archives.
Il a consulté, en effet, les archives de l'évêché de Quimper, celles de la Communauté de Recouvrance et celles
de la fabrique de Saint-Sauveur. Et il esquisse alors
l'histoire de la Communauté de Recouvrance depuis sa
fondation, en 1826. Il montre la Vénérable Mère venant
à Brest établir une maison pour ses Sœurs missionnaires, et le bon curé M. Inisan l'intéressant à l'éducation
des petites filles de sa paroisse. Après avoir décrit la
fondation de l'établissement par le concours de ces
deux volontés d'apôtres, il fait ressortir tout le bien
que la communauté a réalisé pour la plus grande gloire
de Dieu, et par les vocations qu'elles a suscitées dans
le diocèse de Quimper, et par l'instruction chrétienne
des enfants de Recouvrance. Il rappelle aussi que la
Congrégation de Saint-Joseph de Cluny a compté
580 Bretonnes du diocèse de Quimper, dont 340 sont
vivantes encore, 98 d'entre elles se dépensent dans les
Missions, dont 52 en Amérique, 31 en Afrique, 8 en Asie
(Inde), 7 en Océanie. La Très Révérende Mère Générale
est elle-même une Bretonne de Plouzané; on connait
aussi la Mère Sainte Fina Dédié, de Plougastel, qui a
été la collaboratrice de Mgr Augouard pour la fondation de la mission de Brazzaville ; et aux antipodes
même de Brest, une Bretonne, la Mère Joachim Fa-
rouel, de Guipavas, se dévoue dans l'archipel de Cook,
en Océanie.

Quant au bien fait par l'œuvre dans la paroisse de
Saint-Sauveur, il rappelle que lorsqu'elle fut laïcisée,
l'école communale avait 1.300 élèves, et qu'à l'époque
des expulsions, l'école libre en comptait déjà 800.
L'orateur prie donc les bonnes religieuses de se réjouir

en Dieu du bien accompli; il craint cependant qu'un nuage de tristesse n'ait assombri leurs âmes au récit des temps héroïques de la fondation, et qu'elles ne regrettent l'œuvre d'instruction que la persécution a détruite ; mais, dignes filles de la Vénérable Mère Javouhey, elles n'ont et ne doivent avoir qu'une devise, celle de leur Fondatrice, « la sainte volonté de Dieu » : qu'elles s'abandonnent à la Providence et goûtent sans amertume la joie sainte de ce beau jour!

Après la messe, on se rend comme en pèlerinage à la Communauté de la rue Vauban, où tant de souvenirs concrets rappellent encore la Vénérable Mère Javouhey; on visite le fameux couloir où tant de fois elle a réuni, consolé et béni ses filles qui allaient s'embarquer pour les colonies ; on pénètre dans le pavillon qu'elle a habité et contre la façade duquel, sur un piédestal garni de fleurs, s'élève le buste de la Vénérable; on demande même à voir la petite soupière qui lui servait jadis et dont se sert encore la doyenne des religieuses de la maison, la Sœur Vindicien.

La Mère générale introduit alors Mgr l'Evêque et les prêtres qui l'accompagnent dans une salle ornée avec goût; un repas y est servi, dont le menu rappelle que l'Ordre de Saint-Joseph de Cluny a des maisons dans toutes les parties du monde. Vers la fin du repas, la Mère générale, accompagnée de son assistante et de la supérieure, vient remercier les invités. Puis M. le chanoine Bellec, curé de Recouvrance, se lève. Il remercie d'abord Monseigneur d'être venu apporter à l'œuvre des Sœurs de Saint-Joseph de Cluny le témoignage d'estime de l'autorité épiscopale, que les évêques de Quimper ont toujours donné à l'œuvre de la Mère Javouhey, il remercie le Supérieur de la Communauté, M. Quéinnec, d'avoir bien voulu porter au saint-autel tous les vœux des assistants et des paroissiens de la paroisse de Saint-Sauveur; il remercie M. Saluden de lui avoir montré dans un de ses prédécesseurs,

M. Inisan, un modèle qu'il veut imiter, surtout dans son zèle, pour l'instruction chrétienne des enfants; et il annonce aux applaudissements de tous que l'orateur du matin vient de recevoir les lauriers de l'Académie française pour l'ouvrage qu'il a publié sur un prêtre de Brest, le Bienheureux Claude Laporte martyrisé aux Carmes de Paris. Il remercie tous les prêtres présents d'être accourus si nombreux à sa fête. Oui, sa fête, dit-il alors avec un accent ému, la fête du curé qui se réjouit du bien que la Congrégation a fait à ses petits ouailles et il exprime la ferme confiance de la voir un jour reprendre l'œuvre de l'éducation. A l'entendre, on semble ouïr encore le bon M. Inisan suppliant son évêque et Madame Javouhey en faveur des petits enfants de Recouvrance.

Monseigneur se lève ensuite et se déclare tout ému des beaux accents qu'il vient d'entendre en faveur de l'instruction chrétienne des enfants. « Votre toast, M. le curé, dit-il, m'est allé au cœur. » Oui, quelles belles choses seraient à faire, si la liberté était rendue! Mais notre situation est curieuse: la Mère Javouhey eut à préparer les noirs à user de la liberté; nous, nous avons à empêcher les blancs d'abuser de la liberté! Se rappelant une lettre de la Vénérable qu'il avait lue la veille, l'Evêque montre comment la Mère Javouhey savait s'adapter aux circonstances les plus étranges; il décrit une de ses journées à la Mana: prière, oraison, messe, visite chez les scieurs de long, entretien avec les menuisiers, puis avec les maçons, les ébénistes, etc... elle savait s'adapter à tout. Eh bien! si la Mère Javouhey était encore sur terre, croyez-vous qu'elle n'aurait pas adapté sa Congrégation aux conditions spéciales que la persécution a créées ? Certes il faut travailler à la propagation de la foi dans les pays outremer, mais pour que nous ayons des missionnaires, il faut de la foi chez nous d'abord, et pour qu'il y ait de la foi chez nous, il faut des écoles chrétiennes, et la parole épiscopale intègre alors magnifiquement les vœux du curé et de ses ouailles, c'est l'ardente supplication des âmes criant leur faim d'instruction chrétienne!

A trois heures, on se réunit de nouveau à l'église paroissiale. Monseigneur chante les vêpres. Avant de procéder au Salut, de son trône, Sa Grandeur adresse un mot ému aux assistants. Il les félicite d'être venus littéralement remplir l'église paroissiale ; leur présence témoigne leurs sentiments de reconnaissance envers la communauté fondée par la Vénérable Mère; et la reconnaissance est la marque des belles âmes. Il dit son espoir de voir bientôt la Vénérable Mère Javouhey béatifiée par le Pape; pour hâter ce jour, il invite toute l'assistance à réciter non pas en deux parties alternées, mais tout au long avec lui, un *Pater* et un *Ave Maria*.

Pendant le Salut, les jeunes artistes font entendre des chorales de Bach et chantent pour la sortie un gracieux cantique à saint Joseph, le cantique de dom Després.

TABLE DES MATIERES

PAGES

CHAPITRE I. — La Vénérable Mère Anne-Marie Javouhey 5

CHAPITRE II. — Un Breton bienfaiteur de la Congrégation naissante des Sœurs de Saint-Joseph de Cluny.. 12

CHAPITRE III. — Recouvrance en 1826............ 19

CHAPITRE IV. — La première venue à Brest de la Vénérable Mère le 15 mai 1818............ 24

CHAPITRE V. — Monsieur Inisan, curé de Recouvrance, en 1826.. 29

CHAPITRE VI. — Fondation de la Communauté de Recouvrance.. 36

CHAPITRE VII. — Histoire de la Communauté de Brest jusqu'à la mort de la Vénérable Mère en 1851.. 50

CHAPITRE VIII. — La Communauté de Recouvrance de 1851 à 1926.. 69

CHAPITRE IX. — La fête du centenaire — 1er juillet 1926.. 77

BREST

IMPRIMERIE DE LA PRESSE LIBÉRALE

4, RUE DU CHATEAU

1926

9 782329 593975